ICT in Health Care System:
Focusing on Acceptance Process of
Information and Communications
Technology

情報技術の受容過程に着目して

医療システムと情報化

中村 努 Tsutomu Nakamura

ナカニシヤ出版

目　次

序論 ―――――――――――――――――――――――――――――1

第1章　情報の地理学の研究成果 ――――――――――――――5
1. 従来のアプローチ　5
2. アクターネットワーク理論　10
3. 研究視角と調査対象　13

第2章　医療サービス供給の特殊性 ―――――――――――――19
1. 医療制度と医療供給における組織間関係の変化　19
2. ICTに関連した地域医療政策の展開　30
3. 日本のICT普及の空間的特徴　36

第3章　中核病院による医療情報ネットワークの
　　　　　構築と受容過程 ――――――――――――――――――39
1. はじめに　39
2. 研究対象地域の概要　42
3. 医療情報ネットワークの構築過程　46
4. 医療情報ネットワークの態様と医療関係機関の行動原理　52
5. 小括　58

第4章　普及促進機関による医療情報ネットワークの
　　　　　普及過程 ―――――――――――――――――――――61
1. はじめに　61
2. 対象地域の概要　63
3. 長崎県における医療情報ネットワークの普及過程　66
4. 医療情報ネットワークの普及要因　77
5. 小括　83

i

第5章　保険薬局の情報ネットワーク化にともなう
　　　　水平的協業化――――――――――――――――85
  1. はじめに　85
  2. 医薬品業界の動向と水平的協業化の誘因　87
  3. 保険薬局の水平的協業化の事例　89
  4. 仲介者の役割と参加薬局の協業化の論理　95
  5. 小括　101

第6章　医薬品卸によるICTを活用した医薬品流通システムの
　　　　構築過程――――――――――――――――103
  1. はじめに　103
  2. 対象地域の概要　106
  3. 医薬分業にともなう各アクターの対応　109
  4. 新たな医薬品流通システムの構築過程　113
  5. 小括　116

第7章　離島における医療システムの再編成のメカニズム――119
  1. はじめに　119
  2. 新上五島町の医療政策　123
  3. 医療システムの再編成過程　131
  4. 医療システムの再編成の仕組み　137
  5. 小括　141

第8章　離島の医療再編による日常生活圏域のケアへの影響――145
  1. はじめに　145
  2. 住民の生活状況　147
  3. 介護サービス供給体制と利用者の動向　150
  4. 医療再編による日常生活圏域のケアへの影響　155
  5. 小括　164

結論 ─────────────────────────────── 167
  1. ICT の受容過程　　167
  2. ICT を活用した医療システムの空間スケール　　169
  3. 展望　　174

注　　177
文献　　183
あとがき　　193

序論

　日本の医療システムは，だれでも原則として希望する医療機関にかかることができるフリーアクセスを特徴としている．本書では，医療システムをさまざまな組織や企業が医療サービスや医薬品とそれに付随した情報を交換するための仕組みととらえる．症状にかかわらず，自由に医療機関を選択できることは，患者の医療へのアクセスを大きく改善してきた．その反面，軽症にもかかわらず口コミや評判を頼りに大病院を頻繁に受診するといったモラルハザードが起こりやすいとの批判がある．医療費の適正化の観点からも，日本では医療機能に応じた受療行動を促す仕組みへの転換が，医療政策上の重要な課題とされている（中村，2017）．

　また，従来の医療システムは急性疾患を対象とした，大病院が単独で患者を治療する病院完結型医療が中心であった．しかし，このままでは，今後需要の増加が見込まれる，長期にわたる慢性疾患に対応することができない．その原因は，大病院だけではなく，開業医，介護施設などの施設が連携する，いわゆる地域包括ケアの仕組みが整備されていなかったことに求められる．こうした課題への対応の一つとして，情報技術（Information and Communications Technology＝ICT）を利用して，市町村，二次医療圏などといった地理的境界，医療，介護といった職種をまたいだ医療関係施設間の情報共有が政府によって推進されている．情報の共有は，ICTの活用によって有効に対処しうる．

　ICTを地理学から研究したアプローチは，ICTのもたらす空間的影響をとらえようとする技術決定論か，社会的，制度的，政治的プロセスがICTを利用した空間を生み出す方法をとらえようとする社会決定論に陥っていた．しかし，情報ネットワークの態様は，企業や組織間の権力関係や利害関係，人口規模や交通条件，医療資源の分布といった地理的条件を反映するために決定論でとらえることは難しい．

こうした従来の決定論的アプローチの限界を超えるための枠組みとして，アクターネットワーク理論（Actor Network Theory＝ANT）を援用した。その目的は，ICTの受容過程を検証して，情報ネットワークの態様を規定する地理的条件を抽出することにある。受容過程とは，情報ネットワークの潜在的参加主体が，ICTを実際に利用するまでの過程のことである。ICTの受容過程においては，情報ネットワークの構築主体のみならず，複数の参加主体を組織する仲介者の意思決定のあり方が大きな影響をもつ。ANTでは，人的アクターのみならず，ICTなどの非人的アクターもアクターネットワークの構成要素となる。そのため，ANTを用いれば，ICTは複数の主体によって構築されるが，ICTもまた他の主体と結び付いて，新たな社会を構成するという循環的な関係を把握しうる。このようにして，主体間の相互作用を把握するANTの枠組みを援用することは，地域によって異なる地理的条件からどのような地域にICTがどう受容されるのかを検討するうえで有効であると考えた。
　そこで本書は，医療分野において，ICTが特定の地域に受容されていく過程を考察することを目的とする。病院などの医療供給主体が人口減少や高齢化といった環境の変化に適応するため，共同で同一の情報ネットワークを導入する行動原理と利害調整プロセスを検証する。
　本書の構成は以下のとおりである。第1章は，情報の地理学的研究における従来のアプローチにおける問題点を明らかにしたうえで，ANTの有効性を示す。以上を踏まえて，本書の視点を明確にするとともに，分析枠組みと調査対象を示す。第2章は，事例研究をより大きな制度的，歴史的文脈の中に位置付けるための章である。まず，日本における医療の制度的環境を概観するため，日本の医療制度の特殊性と医療供給にかかわる組織の活動内容やその意義を明らかにする。また，これまで医療行政において採用されてきたICTに関する施策を整理する。これら一連の動向を概観することによって，個々の医療供給にかかわる主体が，どのような行動原理のもとで，ICTをめぐる意思決定を行っているのかを明確にする。
　第3章から第8章は上述の目的を検証するための事例研究である（図

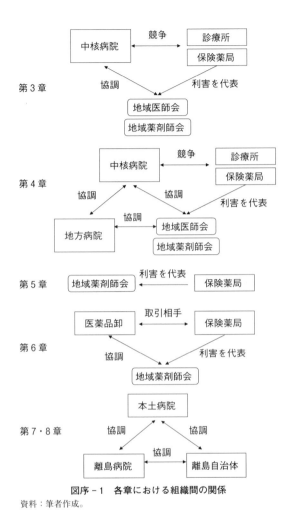

図序-1 各章における組織間の関係
資料：筆者作成。

序-1)。第3章と第4章は，診療情報の共有化による医療機関の役割分担を指向した事例である。両章はそれぞれ大都市近郊と地方の空間スケールの異なる情報ネットワークを取り上げる。第3章は，千葉県山武医療圏および宮崎県の中核病院が，診療所や保険薬局といった他の医療関係機関と共同で電子カルテを用いて診療情報を共有した。第4章は，長崎県の普及促進機関による地域医師会や地域薬剤師会との協調およびコスト負担の軽減を通じて，

市町の領域を超えて医療情報ネットワークが普及した。

　第5章と第6章は，在庫情報の共有化による高頻度かつ小ロットの医薬品配送体制を構築した事例である。両章はそれぞれ大都市圏と地方の空間スケールの異なる情報ネットワークを取り上げる。第5章は，長野県の地域薬剤師会や，宮城県の主導的な保険薬局が，在庫情報を共有するために同一の情報ネットワークを導入した。第6章は，神奈川県川崎市北部において，医薬品卸が独自に開発した情報発注端末を用いて，地域薬剤師会と協調することで，医薬品の安定供給を確立した。

　第7章と第8章は，長崎県の離島において，ICTを活用した医療システムが構築された事例であり，上位スケールの医療再編が地域包括ケアに及ぼす影響も射程に入れた議論が展開される。第7章では県全域，第8章では離島内という空間スケールの異なる事象を扱っている。離島の中核病院は，複数の自治体や島外の医療機関との協調行動によって，救急ヘリ搬送や，島外の医療関係機関との医療情報ネットワークを介した情報共有が可能になった（第7章）。一方，離島内では地域包括ケアのニーズへの適応行動に地域差が生じた（第8章）。

　各章は，医療システムとICTをめぐるアクターネットワークの各事象を取り上げているものの，医療機関の機能分化と連携，医薬品流通の効率化や高付加価値化，地域包括ケアシステムの構築といったICTの受容過程において生じる個別のテーマについても言及している。共通のテーマについて異なる地理的特徴をもつ，複数の事例を取り上げることで，ICTが受容される地理的条件を比較検討できると考えた。

　結論では，事例研究から得られた知見を整理するとともに，従来のICTに関する地理学的研究を踏まえて，情報ネットワークの空間スケールについてANTを用いながらより一般化して議論したい。

第1章　情報の地理学の研究成果

1. 従来のアプローチ

　本書は医療組織の協調の手段として用いられるICTの受容過程を地理学の視点から評価することを目的とする[1]。

　従来の地理学では，取引の効率化が要請された流通業務において，情報化のメリットが大きいことから，1990年代初頭から2000年にかけて情報化が流通システムに与える影響が検討されてきた。具体的には中間流通段階を対象にして，コンビニエンス・ストア（荒井，1989），スーパー（飯田，1993；土屋，1998；箸本，1998，2001），ホームセンター・チェーン（兼子，2000）等，チェーンストアの物流システムの空間的形態をとらえた研究と，医薬品卸（川端，1990；中村，2003），消費財卸（川端，1995），加工食品，レコードおよび出版の流通（荒井，1991），商店街等の中小商業者（川端，1997）等，情報化による企業間取引が空間的側面に与える影響を検討した研究に大別される。1990年代における情報化は，多額の投資を必要とする一方で，情報化のメリットが規模に応じて増大するという特徴をもっているため，先進的な大企業が主導して情報化を進めるのが一般的であった。一方，企業や組織の行動に変化をもたらす要因は複数存在する。情報化はそうした要因の一つに過ぎないため，情報化が直接的に空間行動に結び付くわけではないことも同時に指摘されてきた。

　これらの先行研究で採用された視角は，図1-1の1および2に示すとおり，ICTが都市構造に直接インパクトを与えるという技術決定論や，さまざまな都市に特有の問題を解決する手段としてのICTの有効性を論じるユートピア論であった。それは，企業が競争優位を獲得するため，単独で情報化投資をするという動きが顕著であったことを背景にしている。しかし，これらの

1．技術決定論

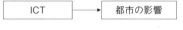

2．ユートピア的理想主義，未来主義

3．ディストピア論・都市政治経済

4．技術の社会的，政治的構築

図1-1　情報の地理学的研究における従来の視角
資料：Graham and Marvin（1996）より作成。

アプローチは，①都市とICTの複雑な相互作用を限定する傾向があり，②ICTが現実に展開するための社会的，政治的プロセスを軽視すると同時に，③既得権益を有する産業界や政治団体にとって都合の悪い情報を軽視し，④ローカルな社会的，政治的アクターの役割を等閑視している（Graham and Marvin, 1996）。このように，ICTは企業の競争優位を獲得するための必要条件であっても，企業行動や都市構造を変える要因の一つに過ぎない。そのため，情報化がダイレクトに空間的側面に影響を与えるケースはきわめて少ないと考えられる。また，本書で対象とする医療サービス供給において，ICTは導入されて間もないことから，ICTの導入による空間的影響を一般化して議論することは困難である。

以上から，技術が社会にいかなる影響を及ぼすかといった技術決定論的な視角は，技術と社会との関係をとらえきれない。そこで，技術と社会との循環的な関係をとらえる視角の必要性が認識されている（Graham, 1998）。こうした課題に対して，グラハムは，従来の空間概念とは異なるアプローチとして，①現実空間の代替・超越，②現実空間との共変化，③現実空間との再

結合の三つの仮説を提示し，技術と現実空間との関係における決定論的な見方を避け，新たな技術がコミュニケーションの補完的な手段としていかに利用されているかという視点を強調した（Graham, 1998）。なかでも特筆すべきは，技術は地理的に不均一に導入されていくということである。たとえば，さまざまな機能をもった多国籍企業が有する諸施設は，グローバルに分散しつつ相互に通信ネットワークによってリンクを形成している一方，こうした施設と直接隣り合うオフィスや住宅とは通信ネットワークによって結び付くことはない（Adams, 1995）。情報ネットワークを通じて，たとえ地理的距離を意識することなく情報の授受が可能になったとしても，実際に施設間で情報ネットワークによるリンクが形成されるのは，相互の目的が合致した場合のみである。

　サイバースペースに関する空間に関する比喩表現に依存しすぎることの危険性も指摘される。「ウェブサイト」や「バーチャル・コミュニティ」といったサイバースペースに関して用いられる比喩表現は，技術と社会との関係についてのイデオロギーが埋め込まれている（Lefebvre, 1984; Toffler, 1980）。そのため，こうした空間的比喩をもった概念に依拠すれば，新たな技術がいかなる社会的，空間的変化と関係しているかを考察する技術決定論に陥る危険性がある（Graham, 1998）。技術決定論に欠けているのは，長い歴史のなかで新たなICTが社会に埋め込まれ，一般に受け入れられるに至る，社会的慣習としての側面である（Thrift, 1996a）。

　一方，グラハムとマーヴィンはICTと都市との関係をとらえる視角として，技術が社会をつくるという立場をとる技術決定論から，社会が技術をつくるという立場をとる社会決定論へと移行してきたことを指摘した（Graham and Marvin, 1996）。すなわち，図1-1の3および4に示したディストピア論や都市政治経済，技術の社会的構成（the Social Construction of Technology＝SCOT）の視角は，社会が技術に与える影響をとらえようとする。第三のディストピア論や政治経済的アプローチでは，新マルクス主義やポストモダニズムと関連して，ICTは主に資本主義を支える権力関係や社会的，地理的不平等を反映するように設計されるとみなされる。たとえば，カステ

ルの議論は，われわれがどの程度グローバルなネットワーク社会に暮らしているかを考察している（Castells, 1996, 1997, 1998）。カステルの議論において，都市はグローバル化の比喩としてみなされ，ネットワークという空間的比喩を用いて接続性を強調し，「フローの空間」によって覆われたグローバルな世界を描いている。しかし，カステルの議論はネットワークにおける技術と経済の概念化にとどまり，アクターは副次的なもので，ローカルに閉じ込められたものとしてみなされている（Smith, 2003）。さらに，ビーバーストックらは，カステルの貢献を受け入れているものの，ネットワークにおけるノード間のフロー（ネットワークをつくる関係）ではなく，ネットワークにおけるノード（属性）に関心があった実証研究が，理論的議論と矛盾するとして疑問視している（Beaverstock *et al.*, 2000）。加えて，カステルはフローの空間における草の根的な運動に焦点を当てているが，トランスナショナルなエリート，社会運動に参加する人々，インターネットにアクセスしている世界人口のごく一部など，カステルの世界に住んでいると思われる人々はわずかである（Castells, 1999）。他方，政治経済アプローチは，資本主義構造の効果を過大評価して，社会的プロセスがICTの展開を変えるといった見方を軽視している（Graham and Marvin, 1996）。

第四の技術の社会的構成（SCOT）では，特定の社会的文脈において，一部の社会的エリートが特定の技術を構築する方法に焦点を当てる。たとえば，ガスリーとダットンは米国の地方自治体によって展開される公共情報システムの設計と採用をめぐる政策形成過程を考察し，政治文化の特性，利益団体のポリティクス，経済，地方自治体内の組織構成，技術パラダイムがいかに情報システムの設計者の選択肢を構造化しているかを記述した（Guthrie and Dutton, 1992）。公共情報システムの技術設計は公共政策プロセスに似た側面をもっており，その結果は技術的必要性よりも，アクターがかかわる権威，影響，目的や，彼らが働く環境によって決定されると結論付けられた（Guthrie and Dutton, 1992）。しかし，SCOTは，社会的エリートが技術をつくる方法について慎重に検討するが，貧困，失業，縁辺化のために技術をつくることから排除された人々を軽視している。

情報システムの技術設計において，政治的プロセスが重視される分野では，社会決定論がその視角として利用される傾向がある。たとえば，多国籍企業や地方自治体などは主導的に ICT を設計，開発しているため，社会決定論の枠組みにおいて議論するための事例として選定されやすいといえよう。

以上のように，技術が社会をつくるといった技術決定論的視角も，社会が技術をつくるといった社会決定論的視角も，社会と技術における一方が他方に影響を与えるという一方向的な見方しか提供できない。すなわち，技術決定論も，社会決定論も，社会と技術を二元的に論ずる点で共通している（Bingham, 1996）。ICT と都市社会の循環的な関係をとらえるためには，都市という場所を資本主義社会における権力ダイナミクスの空間的反映と解釈し，情報ネットワークはそうした社会闘争の結果である権力の電子景観を支えるものとしてとらえる必要があるという（Graham and Marvin, 1996）。

二元的思考法の問題は，特定の時間と場所における特定の人々に対する研究が，一般的な説明と緊張関係をもっていることが認識されることである。ミクロとマクロ，ローカルとグローバルといった二元的思考法は，理論的視角を二つの別個で比較できない部分に分割し，概念を二極化し，破壊された世界観を導く傾向にある（Sayer, 1991）。こうした二元論に続く，決定論と不確定性，構造主義とボランタリズム，客観主義と人文主義といった区別は，互いに相容れないものとなっている（Murdoch, 1997a）。この区別によって，ローカルに位置付けられた行動は，社会構造の見解と一致させることが困難となる。

従来の二元論を克服しようとした理論として構造化理論が挙げられる。ギデンズは行為と構造という社会理論における区別を，一つの理論的枠組み（構造化理論）に結び付けようとした（Giddens, 1984）。ギデンズは構造がアクターや行為とは独立に存在せず，構造が人的行為によって生み出され，行為の媒体（medium）であるとする構造の二元性に言及した。構造化理論において，構造はルール（たとえば，言語を使用するうえでのルール）や資源（たとえば，社会生活における環境や組織といった物質的特徴）と定義される。しかし，構造化理論において，構造の資源としての側面はあまり重要な

役割を果たさない。そのため，構造化理論は行為の中の構造を壊すことで，明確に構造的といえるものは存在しなくなり，結局のところ，行為のボランタリズム理論に陥っている（Murdoch, 1997a）。それは，物質性（materiality）が軽視されていることに起因している。社会関係は構成員の相互作用だけでなく，物質世界とあらゆる構成員との関係性によって仲介される（Craib, 1992）。なぜなら，物質世界は人的行為のある側面を帯びている一方，人的行為は物質世界の影響力をいくらか帯びているからである。したがって，行為と構造との区別は構造化理論において克服されるが，社会と物質の区別が新たな問題として浮上することとなる。次節では，この新たな二元性を回避するための理論として，アクターネットワーク理論（以下，ANT）に注目する。

2. アクターネットワーク理論

ラトゥールはサル社会と人間社会との比較において，上記のような二元性によって起こる問題に言及した（Latour, 1996）。サル社会では，相互作用がすべてであり，相互作用と社会とは同一視される。サル社会はあらゆるやり取りと関係しているため，社会の側面をローカル化することは困難で，安定性や永続性は絶え間なく相互作用すること以外には実現できない。一方，人間の社会における相互作用はローカル化され，安定性と永続性が人間社会の主要な特徴である。

ラトゥールは人間社会が永続性を実現するうえで，物質的資源や技術が果たす役割を認めた。こうした資源を分析や理論に持ち込むことで，行為と構造，ミクロとマクロの二元論を回避できるとする。ANTはこのような二元論を回避する方法に焦点を当てている。ANTは技術（自然物と人工物）と社会を等価に取り扱い，関係論的な観点から技術の発展をダイナミックにとらえようとする考え方で，技術決定論と社会決定論の中間の立場をとる（藤垣，2005）。このアプローチは，カロン，ラトゥール，ローによる科学の社会学的研究において展開してきた（Callon, 1986; Latour, 1987; Law, 1994）。

構造化理論では，行為主体は人間のみであった．一方，アクターネットワークの行為主体性（agency）は，人間と非人間（nonhuman）の行為主体がパワーをもつアクターになるように絶えず努力する一連の試みから生ずる（Murdoch, 1997a）．ANTは人間と非人間との対称的な扱いと，ネットワークの異質性そのものに焦点を当てる．社会は人間と非人間が活発に相互作用することによって絶えず変化する．こうしたアクター間の相互作用のプロセスに焦点を当てることで，点としてのアクターと線としてのネットワークからなる複雑な実体として社会をとらえることができる（潮・足立, 2010）．ラトゥールによると，「不変の可動物（immutable mobiles）」（たとえば，船，テキスト，技術的人工物，金銭，人間）を遠隔操作に不可欠なネットワークの構成要素とみなすことで，ネットワークがいかに距離を乗り越えて実際に作用するかを調査できる（Latour, 1987）．

　この種の思考法は，「ネットワーク」，「チェーン」，「アソシエーション」のような概念の利用において確認できる．こうした分析形態は経済地理学では，クックとモーガンの「ネットワーク」（Cooke and Morgan, 1993），アミンとスリフトの「制度的厚み（institutional thickness）」（Amin and Thrift, 1994），政治地理学では，ハーストの「結社民主主義（associative democracy）」（Hirst, 1994），環境主義における議論にみてとれる（Murdoch, 1997a）．近年では，関係論的経済地理学において，都市の競争優位の源泉を，「ローカル」や「テリトリー」といった特定の地理的範囲を示す用語ではなく，「関係的近接性（relational proximity）」という用語を用いて，経済的実践の束としての都市のイメージにおいてとらえようとしている（Sunley, 2008）．

　地理学において，ANTを援用することの意義に関して，グラハムは，ANTの枠組みが，いかに特定の社会状況や人的アクターが，テキストや金銭と同様に，ある技術や機械をアクターネットワークに組み込むかを強調できると指摘した（Graham, 1998）．実際に，ANTを援用した地理学の文献もみられ（Amin and Thrift, 1995; Bowler, 1999; Campbell, 2005; Demeritt, 1996; Murdoch and Marsden, 1995; Thrift, 1996b, 2000a; Whatmore, 1997; Whatmore and Thornes, 2000），理論に関する地理学的視角が数多く生まれている（Bingham, 1996; Hinchliffe, 1996; Murdoch, 1997b; Whatmore and Thornes, 1997)。

　ここで，ANT をどのようにして空間分析に適用できるかが問題となる。ANT は空間を，従来の地理学がイメージしてきた絶対的なものではなく，相対的なものとみなしている。たとえば，空間分析において ANT と共通点が多い研究として，マッシーが挙げられる。マッシーは「パワー幾何学（power geometry）」という概念を提起し，場所（place）を「社会関係と合意（understandings）のネットワークにおける連結した要素」と考えた（Massey, 1991）。そして，特定のローカルなネットワークにおける空間が，いかにしてグローバルなネットワークと結び付いているか，これらがいかにして特定の場所を構成しているかを示した。パワー幾何学アプローチにおいて，場所はネットワークが交わる「交差点」である。しかしながら，ネットワークを構成する要素は人間の力であり，社会関係の配列に関心のあることが ANT との相違点である。

　スリフトが提示した非表象理論（non-representational theory）も，ANT と共通点が多い（Thrift, 2000b）。スリフトは都市理論が日常における人間の慣習（practice）の重要性を過小評価していることに関心を示した。そして，行為主体性のみではなく，暗黙知のように人的慣習の具体化された（embodied），行為遂行的な（performative）側面にも焦点を当てた。そうすることで，運動，慣習，パフォーマンス，偶然性で満たされた，生き生きした関係のネットワークとしての都市を考察することができる。

　ANT において，ネットワークは空間に作用する手段であり，特定のネットワーク内でスケールが確定される方法に注目する。空間スケールはネットワーク内に広がる行動の優先権にのっとって区画され，区別される。特定の空間が定められ，ローカル化される程度は，ネットワークが活発に別個の空間単位を構成して仕切ることのできる要素を動員する能力に依存している（Murdoch, 1998）。特定の物質的資源を利用することで，時間と空間を通じて相互作用は安定化され，集約され，拡大される（Murdoch, 1997a）。たとえば，スリフトはロンドンを事例として，電信，電話，コンピュータ化された電気通信の三つの電子通信機器の歴史を参照することで，都市空間が新たな

技術ネットワークによっていかに絶えず再結合されたかを示した（Thrift, 1996a）。

マードックは「規定（prescription）」と「交渉（negotiation）」という用語を用いることによって，ネットワークの異質性と対称性原理を明らかにしようとした（Murdoch, 1998）。すなわち，マードックは，利害調整のプロセスが完全に実現し，安定している「規定の空間」と，アクターと仲介者（intermediary）とのつながりが暫定的で分裂しており，さまざまな構成要素が再交渉する「交渉の空間」の2種類の空間が識別され，その相互作用に焦点を当てることで，規定の力がいかに秩序立てられ，同時に絶え間なく再交渉されているかを認識しようとする。それぞれの空間は物理的なものではない。このプロセスにおいて，ローカルとグローバル，ミクロとマクロといった違いが，非人間が流動的にふるまった結果として生じることとなる。ネットワークは空間の複雑な配置であり，明確な中心をもたないか，差異の階層的な関係に依存している（Hetherington and Law, 2000）。このように，規定と交渉の概念は，空間の定義をめぐって日常的に起こる争いを強調することができる（Murdoch, 1998）。

3. 研究視角と調査対象

ANTでは，あらゆる要素がネットワークの構成要素となりうる。しかし，本書の対象は，特定の地域における主体間の関係に限定される。そのため，本書では，新たな医療システムの構築をめぐって交渉の余地を求める主体のみを扱う。重要なことは空間スケールが確定される方法に注目することである。マードックの概念に従えば，本書において，「規定の空間」がICTの受容をめぐる「交渉の空間」を経て，いかなる「規定の空間」が新たにつくられているかを考察すればよい。

上記の視角は，社会と技術の二元論的な見方を排除するという指摘をした点で重要である。しかしながら，ANTは論者によってその解釈の方法がさまざまであり，きわめて抽象度の高い議論になる傾向がある。また，少なく

とも地理学において，具体的事例を分析するための方法論的枠組みが確立しているわけではない。そこで，方法論上の問題を回避するため，本書では次章以降の実態分析において，ANT を適用することは避ける。そして，結論において，事例分析を新たな空間の視点から一般化するため，マードックによる空間概念に依拠して ANT の適用を試みる。

　日本の地理学において，ANT の有用性は，科学者や科学の知識がアクターとなるような食料の地理学において指摘されている（荒木ほか，2007；野尻，2015）。食料の地理学では，食品を単に生産物や商品として扱うのではなく，生息場や他の動物たちとのネットワークをもった生き物として，あるいは記号を帯びて人間に働きかけるアクターとして扱っており，事例分析も散見される（野尻，2016；伊賀，2017）。ただし，アクターの範囲をどのように定めるのか，一致した見解があるとはいいがたい。たとえば，北﨑幸之助は，戦後開拓地の形成とその維持，発展の要因とメカニズムを明らかにするため，その及ぼす影響が大きかった人物のみをアクターとして扱い，影響力に応じてアクターを区別しているが，非人間のアクターを考慮していない（北﨑，2009）。また，鈴木晃志郎と佐藤信彌は，中心市街地の地域史を再解釈するため，アクターネットワークを構成する要素として，鉄道や駅舎に加えて，地形や制度までを等価に扱っており，個々のアクターの影響力やアクター間の関係性について明確であるとはいえない（鈴木・佐藤，2010）。

　本書が対象とする分野は，情報ネットワークの展開において，ICT を構築する主体と参加者との利害調整が必要な医療システムである。そこには，空間スケールの確定をめぐる主導権争いがみられる。医療は近年の急激な環境の変化を経験しているため，安定した医療サービス供給を目指した ICT と社会関係との相互作用をとらえやすい。また，そうした環境の激変は特定の地域に短期間に起こる。特定の地域における，ある時点の ICT の受容過程とその空間スケールを考察するためには，安定性を求めて絶えず流動的にふるまう ICT と社会関係を含んだネットワークを，長期的な時間の流れの中に位置付ける必要がある。そこで，本書ではまず，新たな ICT を特定の地域に受容した事例を取り上げ，ICT が受容されていくプロセスを各主体の行

動原理から明らかにする．最後に，ANT アプローチを援用することによって，ICT と社会関係との相互作用がいかなる空間スケールを有しているのかを考察したい．

　本書で対象とする主体は，特定の地域において協調する病院，診療所，薬局および医師を会員とする地域医師会，薬剤師を会員とする地域薬剤師会を指す．情報ネットワークに参加すると同時に，情報ネットワークが展開する特定の地域以外も活動範囲としている重要な主体として，医薬品卸が挙げられる．そのため，本書では，医薬品卸も特定の地域における協調に参画する主体として考察の対象に加える．なお，自社製品の販売戦略において，全国一律の対応が求められてきた製薬メーカーは，考察の対象には含めない．組織間における既存の利害関係を概観すると以下の通りである．

　病院は入院，外来を問わず，患者を受け入れている．病院は診療所に比べて，ベッド数や医療従事者，医療技術や設備等の医療資源において卓越しているため，診療所は入院患者の受け入れを病院に依存している．もし，入院が必要な患者が診療所を受診した場合，診療所の医師は，過去の病歴や検査結果などの診療情報とともに患者を病院へ紹介する必要がある．

　一方，外来患者は原則としてどの医療機関においても自由に受診できるため，外来患者の受け入れに関して，病院と診療所は競争関係にある．しかし，病院における外来患者の受け入れ能力には限界があり，入院機能を強化するためにも，診療所に外来患者を分散させる必要がある．また入院後の経過をみる患者も診療所に転院させる必要がある．診療所はこうした患者の分散化にかかわる病院の態度に受動的に対応することとなる．患者の分布は空間的な広がりをもつことから，病院と診療所との連携はある特定の地域での対応が求められることになる．地域医師会はこうした地域に立地する診療所の会員医師を有しているため，病院が地域医師会と協調することは，診療所の医師との連携におけるインセンティブとなる．

　医療用医薬品に関して，医療機関は院外処方箋を発行する権限を有するため，販売元の薬局にとって，医療機関は医薬品の間接的な売り手となる．しかし，医療機関が医薬品を院内で処方するときには，自らが医薬品を製薬

メーカーや医薬品卸から購入，販売するために買い手となる。院外処方箋をもつ患者は，自由に受け取り先の薬局を選ぶことができる。そのため，薬局はこうした医療機関の院外処方箋の発行実績に受動的に対応せざるをえない。特に広域から多数の患者を集める病院が，院外処方箋を発行する場合，院外処方箋を受け付けなければならない薬局は広範囲にわたる。そこで，こうした特定の地域に立地する薬局に共通の利害が発生するために，薬局は地域薬剤師会に利害を調整する代表者としての役割を期待する。医薬品発注先の医薬品卸は，配送体制の遵守という地域薬剤師会や医療機関の要求を受け入れながら，利益を維持，拡大しなければならない。以上のような既存の組織間における利害関係を各主体の行動を規定する前提条件とする。

今日，日本は少子高齢化の進展，核家族化，共働き世帯の増加など，社会経済の大きな転換期を迎えている。このような状況のなかで，すべての国民が社会生活を送るためには，こうした環境要因の変化に対応した医療サービスの供給体制の再構築を進める必要がある。日本では，国民皆保険制度のもとで，自由開業医制度と患者のフリーアクセスを原則として，医療サービスの安全性やアクセスの確保が，他のサービスに比べて社会的に要請されている。すなわち，医療機関の量的拡大と患者の自由な受療行動の許容によって，アクセスの公平性が担保されてきた。一方，医療費の増大を背景として，コストを下げながら良質な医療サービスを供給することが日本の医療政策における課題となっている。特に，医療だけではなく福祉や調剤を含めて病院が単独で担ってきた機能を，病院は入院，診療所は外来，薬局は調剤と，それぞれの機能を明確化して連携することが求められている。

ICTは，こうした政策目標を達成する手段として期待されている。ICTは紙で伝えられていたアナログ情報をデジタル情報として伝えることができる。組織や企業は情報ネットワークを通じて，デジタル情報を共有することによって，居ながらにして情報のやり取りを即座に行うことができるようになった。当初はコスト削減や競争優位の獲得を目的として，企業内や企業間において情報ネットワーク化が進展した。時とともに，情報ネットワークは文字だけでなく，画像や動画を双方向で安価に伝達できるようになった。こ

れによって，ICT は社会全般に広く普及することとなり，地域共通のインフラとして利用される場面が増えている。特に，地方自治体が提供する行政サービスや地域のサークル活動など生活に身近な情報を伝達する手段として，ICT が果たす役割が注目されている。

　ICT の進展が遅れていた医療サービス供給においても ICT の導入が図られている。医療サービスは人間の生命や健康，福祉に直接関係するため，これらに関する情報は生活を維持するうえで価値のある情報の一つである。一方，ICT によって医療サービスの供給体制を再構築する際には，従来のサービス供給が滞ることがあってはならない。もし，ICT の導入前後で医療サービス供給に支障をきたすことがあれば，安全性やアクセスの確保が重視される医療サービスの特性上，社会的な非難を受けることは免れない。そのため，ICT が地域にうまく組み込まれるためには，従来の主体間における競争関係を超えて協調するための利害調整を行う必要がある。ICT を構築した地域中核病院や地域薬剤師会，医薬品卸といった組織や企業は，他の主体との利害調整を経て，ICT を取り入れていく。こうした ICT の受容過程は，すでに設定されている医療圏や，地域薬剤師会や地域医師会などの組織の管轄範囲といった，特定の地域の状況を織り込まざるを得ないために地域によって異なる。したがって，特定の地域において，医療サービスの供給を担う主体による ICT の導入をめぐる利害調整のプロセスに焦点を当てることで，ICT の地理的意味を問う必要がある。

　上述の認識に基づき，医療供給主体が医療環境の変化に適応するため，共同で同一の ICT を導入する行動原理と利害調整プロセスを検証し，ICT が特定の地域に受容されていく過程を考察する。次章以降では，以下の 3 点に焦点を当てることで，医療供給主体における情報ネットワークの受容過程とその空間的含意を明らかにする。

　第一に，医療システムにかかわる主体は，ICT を通じた新たな資源配分をめぐって，いかなる目標や理念に基づいて行動し，主体間の利害関係を調整するための協調戦略を生み出しているのかを検証する。

　第二に，各主体の利害調整の結果としての協調戦略を実現可能なものとす

るため，ICTの利用を通じて，新たな医療システムはどのように地域的に展開しているのかを明らかにする。

　第三に，情報ネットワークの導入によって構築された新たな医療システムは，既存の医療システムにどのように組み込まれ，地域の医療サービス配分メカニズムを支えているかを考察する。こうした一連の考察の手順を踏まえることによって，既存の社会関係へのICTの受容過程をとらえることができよう。

第2章　医療サービス供給の特殊性

1. 医療制度と医療供給における組織間関係の変化

　日本の医療制度は，国民皆保険体制と患者が医療機関を自由選択できるというフリーアクセスの原則のもとで，「すべての国民がいつでもどこでも安心して医療を受けられること」を基本的理念として運営されている。これらの制度のもとでは，医療機関の量的拡大と患者の自由な受療行動が許容されるため，医療アクセスは確保しやすい反面，受診回数の増加や，入院日数の長期化，医療機関の機能の不明確化といった医療費の増大につながる弊害がともなう。また，高齢化の進展によって，疾病構造が従来の感染症などの急性疾患から，癌や糖尿病といった慢性疾患へと大きく変化している。そのため，医学的治療が終わったものの，長期にわたる在宅療養や介護を行うために，さまざまな職種による連携が必要となっている。こうした事情から，1990年代以降，医療法の改正にともなう病院と診療所の機能分化や，医薬分業政策の推進にともなう病院から薬局への調剤機能の移行といった制度的変化がみられた。この変化に規定されるかたちで，病院や診療所，薬局，それらを組織する医師会や薬剤師会の利害関係と実際の活動内容は変化してきた。そこで以下では，1990年代における医療制度の変遷の前後で，医療供給にかかわる組織間の関係がどのように変化したのかを概観したい。特に，本書とかかわりの深い医療制度として，病院と診療所の機能を明確化するための医療法の改正や，薬局の調剤機能を向上させるための医薬分業政策に焦点を当てる。

1-1. 医療法の改正と地域医療計画の展開

　日本では，江戸時代まで自由開業医制度のもと，医師は薬を調剤する漢方

医が主流で，病院は存在しなかった。明治初年の1868年以降，漢方から西洋医学への転換が図られたが，日本の病院の大部分が開業医の診療所の規模を拡大した形態であったため，それぞれの機能はあいまいであった（池上・キャンベル，1996）。

戦後の日本の医療政策は，当初から医療体制の統制を目指す厚生省（現・厚生労働省）と，医師の裁量の自由を確保したいとする日本医師会との対立で特徴付けられる（池上・キャンベル，1996）。両者の建前としての政策理念としては，厚生省は，「公衆衛生の実践」を掲げ，あらゆる地域住民の健康水準の向上を目的として，行政が立案した計画に従って医療が提供されるような体制を目標としている。一方，日本医師会は「プロフェッション（専門職）としての自由」を掲げ，それぞれの医師が長い臨床経験によって「芸」として高めた医療を，誰にも拘束されることがなく，各々の患者のニーズに提供できるような体制を目標としている。

しかし，医療に関する基本的な考え方については，①政府は財源の確保においては積極的な役割を果たすべきである，②国民全員に平等な医療を提供することを最優先する，③そのための課題は，病院や診療所の整備による医療サービスの量的拡大であるとの基本的な合意が両者間で存在した（池上・キャンベル，1996）。そのため，実際の争点はイデオロギーよりも，医療費の抑制を目指す厚生省と，医師の所得の拡大を目指す日本医師会との金銭や権力に関する主導権をめぐるものであった。そして，1960年代後半には，金銭に関しては日本医師会に有利に，制度に関しては厚生省に優位な体制が成立した（池上・キャンベル，1996）。

1970年代，厚生省には，①医療においては情報が供給側に偏る，②医療資源を効率的かつ適正に整備する，といった観点から，医療計画による政府の介入を必要とする意見が多かった。しかし，1980年代に至るまで医療計画が実現してこなかったのは，日本では私的医療機関が多くを占め，政府の介入に対する反発が存在したためであると考えられる（長谷川，1998）。

日本における患者受療行動の特徴的なパターンについての全体的な評価として，広井良典は，①外来のアクセスが非常によいこと，②病院病床数が多

く，福祉的性格の入院が多いため，1人あたり年間入院日数が相対的にやや高いにもかかわらず，入院医療費の割合が低いこと，③外来のアクセスがきわめて良好であることから，疾病が特に重度に至る以前にその早期治療ないし発見が行われやすく，このことが全体の医療費の抑制に相当程度寄与していることを指摘している（広井，1994）。

その一方で，医療技術の高度化と相まって，医薬分業，少子高齢化や慢性期ケアへの制度的対応が遅れたため，薬価差益，重複検査，社会的入院など一患者あたりの医療費が高くなる病院完結型のサービス供給が，医療保険制度によって許容されてきたともいえる。その結果，大病院による医療用医薬品の院内処方，薬漬け医療，3時間待ちの3分診療，慢性疾患患者の大病院への集中傾向などの医療費の増大や医療サービスへのアクセスにかかわる弊害が指摘されている。特に，病院は大きな外来機能をもっているため，診療所は近隣の病院を競争相手として意識することによって，患者の紹介や逆紹介は阻害されてきた（郡司，1991）。

1980年代以降，①武見太郎日本医師会長退任（1982年3月）という個別的要因，②開業医から勤務医（診療所から病院）への医療構造の変化，③臨調最終答申（1983年3月）に代表される緊縮財政政策，④「経済全体に占める医療の比重」の許容値が米国に比べて低いという日本社会の文化的特質の4点が，日本の診療報酬改定をはじめとする医療政策をめぐる政治，経済的な力学に大きく作用した（広井，1994）。

こうした複合的要因を背景として，厚生省は1983年以降，相次いで医療費抑制策を打ち出した。その一環として，地域医療を行政計画として展開することで，病床数を規制するとともに施設機能を体系化する方向が示された。このような地域医療計画の理念は，1960年代から1970年代にかけて英米で展開したコミュニティメディシン，コミュニティヘルス（community medicine/health）に遡ることができる。ここでいうコミュニティメディシンやコミュニティヘルスにおけるコミュニティは，供給主体における共通の課題の解決や取り組みといった意味と，特定の地域における一定の集団や人々の健康にかかわる医学といった意味を含みうる多義的な用語として用いられてき

た。いずれの用法にせよ，コミュニティという言葉が使用されてきた背景には，保健や医療の主たる課題が，伝染性疾患から慢性疾患や精神障害，高齢者の問題等に移行したことが挙げられる。そこで，計画策定者の認識において，公衆衛生領域における，従来の病院や施設による対応よりも，地域あるいは職場や学校といった日常的なまとまりのみられる場での取り組みや管理がより有効かつ必要であるという転換がみられたのである（園田，1984）。

日本においても同様の文脈から，厚生省が医療資源を効率的に活用するため，1985年に医療法を改正して医療計画の策定を都道府県に義務付けた。第1次医療法改正と呼ばれるこの改正は，①医療資源の適正な配置と，②老齢社会に適した医療供給システムの構築を目的としている。前者は病床を対象としており，各都道府県は入院治療を行う圏域として県内に複数の二次医療圏を設定した。そのうえで，人口や受療率から必要病床数（2000年以降，基準病床数に名称変更）を算定し，病床の整備目標数を定めることを盛り込んだ[1]。したがって，この二次医療圏域は原則として，年齢階級別人口に応じて必要な病床数を算定する面積的な広がりに過ぎない。この「第1次医療法改正」により，それまで自由だった病院の開設に対して歯止めがかけられた。この改正で日本の医療システムは，戦後続いてきた「量的拡大期」を終え，「需給調整期」に入った（薬業時報社，1999）。これを受けて，1987年ごろから各都道府県が地域医療計画を策定し始めた。

この圏域の設定にあたって，国は都道府県に地理的条件，通勤圏などの日常生活圏，交通事情などを総合的に勘案することとした。すなわち，二次医療圏は自然条件や社会条件から定められた「住民の日常生活範囲」を基本としているといえる。しかし，二次医療圏の設定が行われた当初，計画策定者にとって，同圏域は必要病床数の算定基礎に過ぎないとの認識が大勢を占めていた。そのため，同圏域は一般的には病床数設定に対する計画策定者の配慮のもとに設定されたに過ぎなかった（中原ほか，1994）。また，都道府県間において統一的な二次医療圏のイメージが形成されていたとはいえなかったため，現在の保健医療の供給状況や既存圏域等を考慮する計画策定者の意向が大きく反映することとなった（中原・伊瀬知，1993）。

1992年に行われた第2次医療法改正では，医療施設同士が連携して患者の治療にあたることを目的として，大学病院本院などを対象とした高度医療機関「特定機能病院」，治療よりも療養やケアを重視した「療養型病床群」の二つが制度化された。高度な治療が必要な患者は特定機能病院に紹介し，病状が安定期に入り治療より療養が必要な患者は療養型病床群に入院してもらうという考え方である（薬業時報社，1999）。

　1998年に施行された第3次医療法改正では，これまでに行った二つの改正を大幅に拡充した改正であった。第3次改正は，それまでの二次医療圏域の設定や必要病床数だけでなく，地域に応じた医療施設の機能連携や「療養型病床群」の整備目標，救急医療体制，医薬分業体制などが新たに追加され，医療提供体制がより具体的に医療計画に定められた。

　2001年3月に施行された第4次医療法改正では，これまでひとくくりだった一般のその他病床が「一般病床」と，長期療養の患者が入院する「療養病床」とに区分された。病床区分にあわせて，医療計画の必要病床数は「基準病床」へと名称が変更された。これまで必要病床数は，患者の入院率に二次医療圏ごとの人口数を掛け合わせて算出されていた。4次改正では，在院日数が減ると必要病床数も連動して減少する計算式に算定方法が変わった（じほう，2001）。

　その後，2007年に第5次医療法改正がなされた。これまでは二次医療圏ごとに医療システムを整備してきたが，新たな医療計画ではがんや脳卒中，急性心筋梗塞，糖尿病，また小児救急医療や周産期医療，僻地医療対策といった主要な疾患や事業ごとに構築する連携体制に大きく転換した。住民や患者の視点から，自分が罹患した際にどのような治療が受けられるのか，急性期から在宅まで切れ目ない医療が受けられるように，地域の保健医療システムの姿をわかりやすいかたちで示すことを原則としている（じほう，2006）。地域医療計画も保険医療財政を考慮しながら，都道府県において独自に策定するように方向付けられた。また，保健・医療行政のかなりの部分が，都道府県から市町村へ権限委譲された。

　こうした取り組みを，都道府県を主体にして全国的に進める背景には，医

療費増加の主要因である老人医療費，なかでも入院医療費を減らしたいという厚生労働省の思惑がある。厚生労働省は日本には諸外国に比べて病床数が多く，入院期間も長いという問題意識をもっている。そのようなことから，これまでの一連の医療法改正には，急性期，回復期などの医療機能を明確化して在院期間を短縮させるとともに，異なる機能同士の連携を強化することを通じて総入院日数の短縮につなげるという明確な意図がある。

計画の策定方法をめぐっては，医療資源の整備状況や連携の核になる施設の種類などが地域によって異なるため，厚生労働省は都道府県に，医療関係者や患者を交えた検討組織を設置するよう要請した。そして，地域性にあわせた医療連携体制を構築してもらう考えを示している（じほう，2006）。

近年，医療費の増大と医療需要の多様化に対応するため，かかりつけ医や介護従事者は，病状の安定した患者の診療や日常の健康管理を行い，中核病院は専門的な検査や高度の医療を行うといった役割に基づいて相互に連携するという，いわゆる地域包括ケアシステムの構築が目指されている。

2012年に閣議決定された「社会保障・税一体改革大綱」を受けて，第6次医療法が2014年に施行された。対象とする疾病については，メンタルヘルスや認知症の問題が深刻化していることを受けて，新たに精神疾患が追加され，さらに地域包括ケアを推進するために居宅などにおける医療体制構築についても，他の疾病・事業と同様，県が達成すべき数値目標や施策・事業などを記載することが求められた（松田，2015）。さらに，2015年に施行された第7次医療法改正では，医療機関相互間の機能の分担および業務の連携を推進することを目的として，地域医療連携推進法人の認定制度が創設された。これは，2025年に向けて，病床の機能分化・連携を進めるため，都道府県が医療機能ごとに2025年の医療需要と病床の必要量を推計し，策定した地域医療構想を実現するための選択肢として想定されている（厚生労働省ウェブサイト）。

従来，学校保健や予防注射といった公衆衛生に対して，地域医師会は大きな役割を果たしてきた。しかし，二次医療圏ごとの地域医療施策の充実とともに，地域医師会は会員の医師からさらなる支援を実施するための主導的な

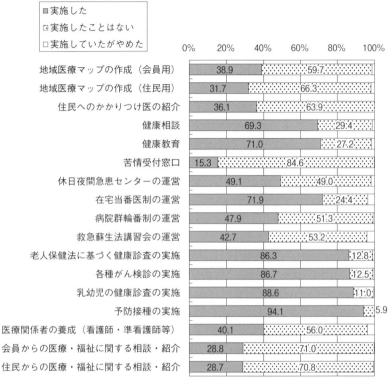

図2-1 郡市区医師会におけるその他会員・地域住民に関する事業についての実施状況
注：1999年5月現在。
資料：日医ニュース（2000年3月5日）より作成。

役割が要請されている。事実，日本医師会が郡市区医師会を対象に実施したアンケート調査によると，病院と診療所で患者を紹介しあう病診連携事業については，半数を超える医師会がこの事業に取り組んでいた。かかりつけ医推進事業については，約3分の1の医師会が事業を展開していることがわかった。また，老人保健法に基づく健康診査，各種がん検診，乳幼児健康診査，予防接種などについては，ほぼ90％の医師会が関与していると回答した。健康教育，健康相談を実施している医師会も約70％存在した。一方，在宅当番医制の運営は72％，休日夜間急患センターの運営は49％の医師会が取り組んでいた（図2-1）。

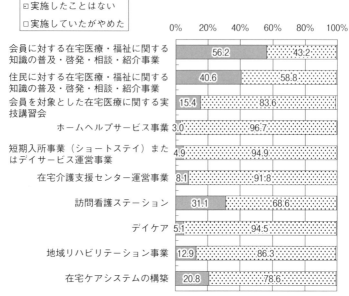

図2-2　郡市区医師会における在宅医療・福祉に関する事業についての実施状況
注：1999年5月現在。
資料：日医ニュース（2000年3月5日）より作成。

　会員に対する在宅医療や福祉に関する知識の普及，啓発，相談，紹介事業は56％の医師会が実施しており，31％の医師会が訪問看護ステーションを運営している。しかし，在宅介護支援センター事業に関与している医師会は8％に過ぎなかった。また会員を対象とした在宅医療に関する実技講習会を実施している医師会は15％，地域リハビリテーション事業に取り組んでいる医師会は13％であった（図2-2）。このように，地域医師会によって取り組む事業には差異がみられる。そうした差異は地域によって異なるニーズに対して，医師会がどのようなパフォーマンスを示すかといった意思決定プロセスの相違によるところが大きいと考えられる。

1-2. 医薬分業政策の展開と組織における役割の変化

　医薬分業には，診察と投薬を分離することでチェック機能を働かせ，より

有効で安全な薬物療法を患者に提供するという目的がある。この医薬分業の考え方は，明治時代初め，ドイツ医学から導入された。1874（明治 7）年に発布された「医制」によって薬舗主（のちの薬剤師）に調剤権が付与され，医薬分業が制度化された（じほう，2007）。しかし，当時は薬剤師の数が少なく，医師が調剤を主な業務としていたため，当分の間，診察した患者には医師の投薬を認めるという暫定措置がとられた[2]（望月，1978）。

当時の薬剤師は 1893（明治 26）年，日本薬剤師会を設立して，医薬分業の実施に向けて政治運動を展開した。そうした動きに対抗し，阻止するために日本医師会が組織された。両組織はそれぞれ医師，薬剤師の職能の発揮という名目で，医薬分業に関連したロビー活動の主体的役割を担った。

医薬分業が本格的に実施されるまでの間，病院や診療所の経営を支える重要な収益源に，薬価差益があった。これは，医療機関の納入価格と保険診療で請求できる薬価との間に生じる差益である。従来はこの差益が大きかったため，医師が患者に医薬品を出せば出すほど医師の収入が増えた。そのことが医薬品の過剰投与を招くこととなり，国民医療費の高騰や，医薬分業によって薬剤師が医師の処方をチェックする機能を長期間にわたり阻害する要因の一つになっていた。

戦後，連合軍は日本の医療体制の民営化対策として，医師が患者に薬を直接渡す調剤を禁止し，調剤はもっぱら薬剤師が行う旨の勧告書を提出した。しかし，当時は調剤薬局がほとんどなかったため，医師による調剤禁止の実施は困難であった（日本医師会創立 50 周年記念事業推進委員会記念誌編纂部会編，1997）。国会において何度も審議が重ねられた結果，1956 年に医薬分業制度が法制化されたものの，多くの例外規定が付されたため，医薬分業が定着することはなかった。こうして，医療機関にとって医療用医薬品の調剤は，「潜在技術料」といわれていた薬価差益を収益の柱とするための重要な業務であり続けた。

しかし 1961 年，長年日本医師会と対立してきた日本薬剤師協会（現・日本薬剤師会）は，従来の闘争方針を協調方針に転換する方策を採用することで，歯科医師会とともに三師会を発足させ，医療制度を合理化し，処方箋の

発行を促進するために活動することになった(日本医師会創立50周年記念事業推進委員会記念誌編纂部会編,1997)。こうした三師会による協議と厚生大臣への要求が功を奏して,1974年の診療報酬改定により,処方箋料が6点(60円)から50点(500円)に引き上げられたことが,医薬分業が本格的に始まるきっかけとなったとされる(早瀬2003)。特に,熱心な指導者のいる地域では,薬剤師と医師とのマン・ツー・マンの話し合いが行われ,徐々に医薬分業が進捗した[3](石坂,1994)。しかし,依然として,薬価差益は大きかったため,多くの病院や診療所は,医療用医薬品を院内で処方し続けた。そのため,薬局は医師の処方箋によらない一般用医薬品やその他の日用雑貨を販売せざるをえなかった。

1974年に処方箋料が引き上げられたあと,処方箋料と処方料の格差による経済的インセンティブ導入や,国をあげての処方箋発行促進策,さらには薬価差縮小策などの措置がとられた。特に1992年度は医薬分業推進策が一気に進んだ年とされている。具体的には,①加重平均価格を基準として一定価格幅が上乗せされる新しい薬価算定方式の適用,②診療報酬改定,③新仕切り価制度の導入などが薬価差益を縮小させ,医療機関による院外処方箋の発行の誘因となった。

さらに,厚生省は,医薬分業推進モデル地区事業(1985~1987年),医薬分業基盤整備事業(1988~1990年),医薬分業定着促進事業(1991年~),医薬分業推進センター補助金事業(1992年~),国立病院の院外処方箋発行促進事業(1989年~)などを打ち出し,積極的に分業の定着促進を図ってきた。特に,医薬分業推進センターの施設・設備整備は当初,都道府県薬剤師会が設置する医薬品備蓄,薬事情報,調剤の各センターへの補助であったが,1993年度からは法人格を有する郡市区の薬剤師会までその対象が拡大した(薬業時報社,1995)。しかしこの過程では,医療機関と経済的・機能的・構造的に結び付いた,いわゆる第2薬局が登場したり,受け入れ薬局が医療機関にリベートを支払うなどの変則的な形態も表面化した。このため厚生省は,第2薬局禁止の通知(1982年),療養担当規則による患者誘導の禁止(1996年)を打ち出し,医薬分業の適正化に努めた(じほう,2005)。

長期間，診療と投薬を一体的に行っていた医療機関も，薬価差益を生み出さない医薬品を手放して，自由な処方の確保，医薬品の管理業務の軽減といったメリットを享受するため，徐々に院外処方箋を発行した。薬局は医療機関が実施する医薬分業に受動的に対応せざるをえない。しかし，薬局は従来，一般用医薬品や化粧品，衛生用品などを販売し，処方箋調剤の機会はほとんどない状態であった。そのため，こうした薬局の一部には急激に分業が進展しても，従来どおり一般用医薬品や雑貨などを販売し続けて積極的に分業には参加しない，あるいは参加できないものも存在した。

　そこで，地域薬剤師会は1990年4月から処方箋を受け入れる薬局において，一定の水準を保証する都道府県薬剤師会認定基準薬局制度や，処方箋受け入れモデル地区の策定などに取り組んだ。前者は各都道府県薬剤師会が項目を設定し，これらを満たした薬局を基準薬局として認定することで，薬局の機能強化に努めるものである。医薬分業は処方箋調剤，一般用医薬品など複数の経路で地域住民に渡る医薬品について，地域の薬局が重複投与，相互作用などをチェックして，有効かつ安全な薬物療法を図るものとされているが，基準薬局はこうした医薬分業の理念を実践する薬局として想定された（薬業時報社，1995）。

　医薬分業が本格的に進展したのは，1990年代後半以降である。医薬分業の割合を示す指標として，処方箋受取率（医療機関における処方箋発行件数に対する，薬局の受け取り枚数）がある。医薬分業が本格的に始まった1974年度から1989年度までの15年間の分業率は11.3％と低い数値を示しており，この間に分業はあまり進展しなかった。これに対して，1989年度から1995年度の6年間に分業率は20.3％と1989年度の約2倍に伸びた。さらに，1995年度から2001年度の6年間には44.5％と1989年度の分業率の約4倍に急激に進展した（早瀬，2003）。2009年度には60.7％，2015年度には71.7％とさらに上昇した。しかし，都道府県によって医薬分業の進展度には差がある（図2-3）。たとえば，2015年度の医薬分業率をみると，秋田県（84.6％），神奈川県（80.5％）や新潟県（80.1％），宮城県（79.8％）といった県で8割前後の高い値を示す一方，福井県（47.2％），和歌山県

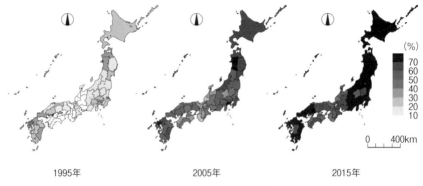

図2-3 医薬分業率の推移
資料：日本薬剤師会ウェブサイトより作成．

(49.6%) は依然として4割台と低調である。その理由は，多くの外来患者を受け入れる大規模な病院の方針や，処方箋を受け入れる態勢を整える役割を担う地域薬剤師会の意思決定が，医薬分業の進展に大きく影響するためである。

　医薬分業は医師に対して大きな変化を求めるきっかけとなった。分業前までは，医師は自らの意思で医薬品を自由に患者に手渡すことができた。しかし，分業後は薬剤師に処方をチェックされ，医薬品も自ら直接患者に手渡すことができなくなった（早瀬，2003）。そのため，医師は自らの処方意図が精確に薬局薬剤師に伝わっているかどうか不安を抱えることとなった。このことは，医薬分業を円滑に進めるうえで，医薬分業以前からの医療機関の医師と薬局薬剤師とのコミュニケーションの必要性を示唆している。

2. ICTに関連した地域医療政策の展開

　従来，中核病院は症例検討会や勉強会などを通じて，地域医師会など関係機関と連携してきた。しかし，医療の高度化，技術の進展，取り扱う情報量の飛躍的な増加を背景として，これまでの患者の症状や治療経過，投薬履歴などの大量の情報を効率よく共有できる医療情報ネットワークの活用を前提とした多職種間の連携が注目されている（木村，2011）。医療情報ネットワー

クはICTによってデジタルデータをコンピュータ・ネットワークで結び付け，新たなコミュニケーション回路を生み出す可能性をもつ。近年では，同一都道府県の全域で共通の医療情報ネットワークを導入する動きがみられる。ただし，同じ都道府県内でもよりローカルなスケールでみると，実際の医療情報ネットワークは地理的に均一には普及していない場合がある。その要因について，ICT の技術的特性のみならず，地域によって異なる医療資源の分布状況や，組織や職種間の関係などの地理的条件から明らかにすることは，持続可能な社会保障制度を考えるうえできわめて今日的な課題といえよう。

日本における ICT の利用を前提とした地域医療政策の展開は，1970年代に遡る（表2-1）。山間僻地への医療供給を目的として，日本ではじめての心電図伝送実験が1971年に和歌山県で実施された。そこでは，仮設された Closed Circuit Television（CCTV）および電話線を通じて，映像による直接的な患者の診療に加えて，音響カプラ，磁石式電話機，手動交換局を経由した 200km の心電図伝送，あるいはファクスによる文章伝送実験が行われ，

表 2-1　日本における遠隔医療の経緯

年	内容
1971	和歌山県内の CCTV および電話線を用いた映像による患者の診察・心電図伝送および FAX による文章伝送実験
1972	電電公社による関東逓信病院と青森逓信病院間における患者の問診，透視，撮影および姿勢制御等の X 線 TV 遠隔診断実験
1974	長崎大学の CCTV による病院間テレカンファレンスの開始 沖縄県の静止画像を用いた僻地包括医療情報システム構築実験 諏訪中央病院の CATV 網を利用した在宅治療支援システム構築実験 東京大学，慶応大学，京都府立大学，東北大学によるテレパソロジー（遠隔病理診断）実験開始
1994	旭川医科大学眼科初の遠隔医療を実施
1996	厚生省「遠隔医療に関する研究」班の設置
1997	厚生省が医師法第 20 条の解釈の拡大により遠隔医療を認める
1999	旭川医科大学附属病院遠隔医療センター開設 厚生省が診療情報の電子保存を認める
2000	旭川医科大学附属病院遠隔医療センターにてテレパソロジー開始
2002	厚生労働省が診療録の外部保存を認める
2004	あじさいネットの運用開始

資料：三代川（2010）を一部修正。

制約された技術環境下においても，テレメディシンの技術的可能性が実証された（厚生省遠隔医療研究班，1997）。その後も，通信衛星，地上デジタル通信網，CATV 網を利用した遠隔医療の試みが各地で行われた。1996 年には厚生省の「遠隔医療に関する研究」班が立ち上げられ，病理診断関連部門の遠隔医療実験も展開された。その研究班の提言をもとに 1997 年，医師法第 20 条の解釈が拡大され，実際に目の前で患者をみなくとも，遠隔地で画像伝送を通じた医療行為を行うことが可能となった（三代川，2010）。

　1970 年代に始まった画像診断に加えて，ICT や通信インフラ等の進展にともなって，術中迅速病理診断，コンサルテーション，カンファレンス，健康管理など遠隔医療にかかるシステム利活用の範囲は広がってきている（総務省情報流通行政局，2011）。

　従来，法令に規定されている保存義務のある診療録は紙によっており，電子媒体による保存の可否については明示されていなかった。しかし，1999 年に診療情報の電子保存が認められ，さらに 2002 年 3 月には，これまで保存場所が明示されていなかった診療録の外部保存が認められたことにより電子カルテの共有化が可能になった。

　これと並行して，通商産業省（現・経済産業省）は，2000 年度に電子カルテの共有による医療連携のシステムの開発・運用（正式名称：先進的情報技術活用型医療機関等ネットワーク化推進事業）に約 56 億円を投入した。表 2-2 は経済産業省に採択された 26 事例の概要を示している。医療情報ネットワークの空間スケールに注目すると，二次医療圏の範囲を超える事例が七つ，二次医療圏と同じ範囲の事例が六つである一方，二次医療圏の範囲よりも狭い事例が 13 と事例の半数を占める。26 事例は都市部から地方までさまざまな地域で展開されており，その空間スケールは地方では大きく，都市部になるほど小さい傾向にある。事業主体は，二次医療圏の一部を管轄範囲とする地域医師会，高度医療を担う地域中核病院，情報サービス業など民間企業が多くなっている。事業の目的を空間スケールとの関係でみると，空間スケールが二次医療圏内に収まる事例は在宅医療を含めた地域医療における病院と診療所の連携を想定している傾向があるのに対して，二次医療圏を

超える事例は災害や救急といった高度医療への対処を想定している傾向がある。

しかしながら2004年10月現在，同事業に採択された26件のうち10件が，①運用資金の負担が大きい，②他のシステムとの互換性がない，③医師にとって費用対効果が認められないなどの理由で完全に運用を休止している（経済産業省へのヒアリングによる）。医療情報ネットワークへの考え方をめぐる機関間の相違に加えて，電子カルテを導入することにともなう技術的，経済的問題があるため，仮に電子カルテの有用性が実証実験によって認められたとしても，そのまま運用を継続することは困難となる場合も少なくない。

さらに厚生労働省は2001年末，電子カルテを2006年度までに，全国の400床以上の病院および診療所の6割以上に普及させるなどのグランドデザインを提示した。このグランドデザインの中核となるのは，医療機関への電子カルテやレセプト電算システム[4]の導入と医療機関の情報ネットワーク化である。また，電子カルテの導入による医療情報ネットワークの構築を支援するため，「地域診療情報連携推進事業」として，経済産業省で採択された26事例のうち3事例に約5億円を投入した。

翻って，日本以外の先進国における医療へのICT利用動向をみると，電子カルテの導入は電子的な医療情報を患者が長期にわたって活用するための国家的施策となっている（山本，2010）。しかし，電子カルテ化はその国の医療を取り巻く社会構造や制度，医療情報のプライバシーに対する考え方などに大きく影響を受けるため，政府主導による画一的な運用から，個々の医療機関にあわせて独自に開発された電子カルテの相互運用まで多様な形態をとる（岸田，2011）。

日本における電子カルテを利用した医療情報ネットワークは，システムごとにデータの共有方式や参加者の範囲などに相違がみられるとともに，一部の地域に偏在している。その原因として，診療所における電子カルテの普及の遅れ，診療情報を統合するために必要な標準規格の不在，診療情報を共有するためのインセンティブの欠如があげられる（吉原，2011）。また，ICTを利用した医療情報ネットワークが普及している地域は，医療機関や医師と

表2-2 先進的情報技術活用型医療機関等ネットワーク化推進事業の展開地域

展開地域	継続の有無	空間スケール	事業主体	事業目的
四国4県	○	＋	(財)四国産業・技術振興センター	医療資源の偏在にも対処できる4県連合の高度医療提供体制の構築
宮崎県	○	＋	(社)宮崎県医師会	全県的な地域医療情報ネットワークの構築による患者情報の一元管理
大阪府	○	＋	(財)千里国際情報事業財団	診療目的やEBMや統計のためのデータベース化，共有化
鴨川市，館山市，勝浦市，君津市，岬町，大原町，御宿町，千倉町	○	＋	(医)鉄蕉会 亀田総合病院	第三次救急医療を担う亀田総合病院と診療所の連携
出雲市，平田市，大社町，湖陵町，多伎町，斐川町，佐田町，西郷町，海士町，西ノ島町，布施村，五箇村，都万村，知夫村	○	＋	島根県立中央病院	三次医療機関である島根県立中央病院を中核とした連携の実現，離島と本土間の医療格差の解消
熊本市	○	＝	(財)肥後医育振興会	プライバシーの確保と医療情報を安全で適切にアクセス可能なシステムづくり
宗像市，津屋崎町，福間町，玄海町，大島村	○	＝	(社)宗像医師会病院	宗像医師会病院と地域医療機関，宗像地区急患センターとの連携
豊田市，三好町，藤岡町，稲武町，足助町，下山村，旭町，小原村	○	＝	トヨタ自動車(株)トヨタ記念病院	高度医療・救急医療の推進
鶴岡市，三川町，藤島町，羽黒町，櫛引町，温海町，朝日村	○	－	(社)鶴岡地区医師会	二次医療圏および医療圏を超えた診療情報の共有，役割分担に基づく医療機関連携の促進
東京都港区	○	－	(社)東京都港区医師会	病診連携，的確な診療とコスト低減，安全なデータ連携
東京都杉並区	○	－	医療法人財団河北総合病院	EBMの実践や診療の質と安全の向上
東京都世田谷区西南部	○	－	(株)メディヴァ	医療機関と患者との関係強化，医療機関環の医療情報連携，臨床現場におけるEBM等の研究への寄与
東金市，芝山町，横芝町，松尾町，山武町，成東町，九十九里町，大網白里町，蓮沼村	○	－	(社)山武郡市医師会	生活習慣病の面診療の底上げ，遺伝子解析に基づく生活習慣病のオーダーメード医療の実現
横須賀市	○	－	(社)横須賀市医師会	市民の健康促進と診療との連動，医療事故の防止，24時間在宅治療体制における診診連携
岐阜市	○	－	(社)岐阜市医師会	地域ぐるみの病診連携

第2章 医療サービス供給の特殊性

松戸市	○	−	(社)松戸市医師会	在宅医療だけでなく，慢性疾患を含めたより広い対象患者に対する病診連携
宮城県	×	＋	(株)仙台ソフトウェアセンター	地域保健医療圏を超えた患者の移動に対する正確な医療情報の共有
静岡市，清水市，蒲原町，由比町，富士川町	×	＋	(株)エスビーエス情報システム	東海地震対策として災害発生時の患者診療情報提供，病院と診療所の在宅患者の最新情報共有
宜野湾市，沖縄市，石川市，具志川市，金武町，与那城町，勝連町，嘉手納町，北谷町，宜野座村，恩納村，読谷村，北中城村，中城村	×	＝	沖縄県立中部病院	病院の医師と診療所の医師との間で「スタンダードな医学知識」の基盤を共有することによる相互に理解可能な医療の提供
堺市	×	＝	(株)アイ・ビー・ティ	ハイリスク胎児を含むハイリスク妊産婦に対する高度・先進医療の提供
神戸市	×	＝	(社)神戸市医師会	病診連携，診診連携，医師会検査センターの蓄積データを活用した機能整備，救急医療時の医療提供体制の整備
岡山市	×	−	総合病院 岡山市立市民病院	特定の疾病のクリティカルパスによる治療方法の標準化と医療水準の向上
福岡市	×	−	(社)福岡市医師会成人病センター	糖尿病患者を取り巻く専門病院と診療所，行政施設，スポーツ施設等のネットワーク化の推進
津市，久居市，河芸町，芸濃町，安濃町，香良洲町，一志町，白山町，嬉野町，三雲町，美里村，美杉村	×	−	(社)久居一志地区医師会	診療所，国立大学病院，ならびに国立病院という異なる運用形態の医療機関の連携，緊急時の医療連携システム
富士吉田市，河口湖町，忍野村，山中湖村，勝山村，足和田村，鳴沢村	×	−	(社)富士吉田医師会	医療情報の共有化，医療コストの効率化，医療過誤の防止，個人認証および施設認証技術の確立
横浜市青葉区，緑区，港北区，都築区	×	−	(社)横浜市青葉区メディカルセンター	治療の継続性の確保，重複検査の回避，患者別・症状別に適した治療法の選別

注：継続の有無は2004年10月現在。
　　空間スケールの＋は二次医療圏より大きい，−は二次医療圏より小さい，＝は二次医療圏と同じ範囲であることを示す。
　　（財）は財団法人，（社）は社団法人，（株）は株式会社，（医）は医療法人を表す。
資料：医療情報システム開発センター（2002）および経済産業省へのヒアリングより作成。

いった医療資源が不足しているという需要サイドの要因に加えて，既存の医師間や，医療機関とベンダーとの間に人的関係が形成されているという供給サイドの要因が影響している。こうした地域的な要素が影響しているため，ICT を利用した医療情報ネットワークの普及には地域的な偏りがみられる。

3. 日本の ICT 普及の空間的特徴

本節では，エム・イー振興協会「電子カルテ＆ PACS 白書 2011〜2012」の病院情報システム導入施設一覧をもとに，日本の都道府県別に医療 ICT 普及の空間的特徴を明らかにする。図 2-4 は都道府県別にみた電子カルテ導入済み病院数とその導入率を示している。導入病院数，導入率には都道府県間に地域差がみられる。導入病院数は，東京，大阪，愛知の三大都市圏で高

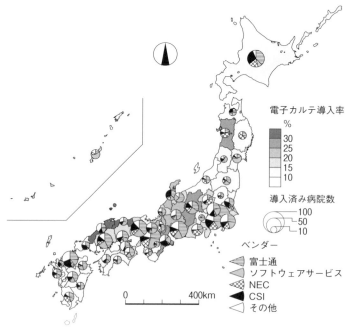

図 2-4　都道府県別にみた電子カルテ導入済み病院の分布
資料：エム・イー振興協会「電子カルテ＆ PACS 白書 2011〜2012」より作成。

い値を示し，人口規模と相関が高い。

　しかし，導入率をみると，島根，鳥取，秋田，長野，三重などで25％を超える高い値を示す一方，栃木，鹿児島，佐賀，宮崎，奈良などは10％未満の低い値を示す。電子カルテ市場は，富士通，ソフトウェア・サービス，NEC，CSIの大手ベンダー4社による寡占市場を形成している。富士通は多くの都道府県で首位であるが，宮城，山形，山梨，沖縄ではソフトウェア・サービス，岩手，秋田，群馬，静岡，鹿児島ではNEC，三重ではCSIが首位であるなど，都道府県によってベンダーのシェアに地理的差異がみられる。

　2011年1月に日経BPコンサルティングが全国の病院に対して行ったアンケート調査によると，ICTを活用した医療情報ネットワークをすでに構築，運用している診療所は6.7％，100床未満の病院で8.1％と低い一方，中規模病院（100～399床）で10.4％，400床以上の病院で17.5％と，大規模な病院からシステム導入が進んでいる。中規模病院（100～399床）におけるICTの導入を推進する際の課題は，他病院との言語や手順の統一（48.6％），セキュリティ（48.1％），投資額の確保（44.8％）など多岐にわたる[5]。

第3章　中核病院による医療情報ネットワークの構築と受容過程

1. はじめに

1-1. 問題意識

　本章の目的は，ICTが特定の地域に受容されていく過程を，医療情報ネットワークの事例をもとに明らかにすることである。

　近年，情報ネットワークは経済の分野のみならず，医療や福祉，教育といった社会的なサービスの供給を補完する手段として利用されてきている。特に，医療は生命に関する特殊なサービスであるため，医療情報ネットワークは医療機関[1]や医師の偏在を解消する手段としての利用が期待されている。

　一方，特定の地域に医療情報ネットワークが導入されたとしても，地域内に立地するあらゆる医療関係機関がこうした医療情報ネットワークを利用するとは限らない。その理由は，医療サービス供給にかかわる医療関係機関は，原則としてそれぞれの自由裁量でこうしたネットワークに参加するどうかの意思決定を行うことができるからである。したがって，ある地域に情報ネットワークが導入された場合，その空間スケールはどのような経緯で決められたのかを検証すると同時に，地域内のどの施設間でリンクが形成されたのかを医療関係機関間の関係から明らかにする必要があろう。

　海外の医療情報ネットワークに関して，アクター間の関係の重要性を強調した論考がみられる。カッチンは，1990年代以降，米国に登場した遠隔医療システムを活用した医療情報ネットワークの展開をとらえるために，地域経済地理と領域性の文脈を用いることを主張した（Cutchin, 2002）。こうした主張は，医療部門が市場原理で運営されている米国では，個々の医療情報ネットワークが医療体制を管理し，自らの管轄区域を拡大するために，遠隔

39

医療システムを導入していることを反映している。翻って日本の情報化に関する地理学的研究では，ICTを利用する経緯を空間的視点から検討した例は乏しい。ICTが公共サービス供給に与える影響は，救急医療サービス供給における効率的な情報交換を可能にする情報システムの役割や，交通サービス需要のコントロール可能性がみられる程度である（岡本，2000；林・新美，1998a, 1998b）。

そこで本章では，ICTが受容される空間スケールの確定をめぐって，さまざまな医療関係機関間の利害関係が考慮される医療情報ネットワークを取り上げる。医療は近年の急激な環境の変化を経験しているため，安定した医療サービス供給を目指したICTと社会関係との相互作用をとらえやすい。本事例に則していえば，ICTを構築したアクターは，地域の中核病院である。一方，参加者を募るために地域医師会や地域薬剤師会など医療関係団体との利害が一致する必要がある。空間スケールの確定をめぐる利害が一致する必要があるのは，地域中核病院が想定する医療情報ネットワークの空間スケールと，医療関係団体の管轄地域の間に離齬が生じることもあるためである。

1-2. 研究方法と対象地域

日本の医療システムは，国民皆保険制度と医療機関へのフリーアクセスのもとで，国民が必要な医療を受けることができるよう整備が進められ，国民の健康を確保するための重要な基盤となっている（厚生労働省編，2006）。一方，医療費の増大を背景として，コストを下げながら良質な医療サービスを供給することが日本の医療政策における課題となっている。こうした現状を踏まえて，日本では，都道府県が1987年ごろから医療従事者や医療施設などの医療資源を適正に配置するための地域保健医療計画を策定し，入院治療を行うための地域単位として二次医療圏を設定している[2]。

加えて，病院は入院，診療所は外来，薬局は調剤と，それぞれの機能を明確化して連携する手段として，ICTが期待されている。電子カルテに代表される情報システムは，これまでの患者の症状や治療経過，投薬履歴などの診療情報を共有できる。そのため，病院や診療所，薬局などの医療関係機関が

情報システムを導入して，情報のやり取りを行うことによって，患者をスムーズに転院させることが期待されている。

本章は，経済産業省および厚生労働省に採択された3事業のうち，千葉県内の20市町村からなる印旛山武医療圏の一保健所の管轄地域である山武地域で展開された「わかしお医療ネットワーク」と，宮崎県の「宮崎健康福祉ネットワーク（通称はにわネット）」を取り上げる[3]。

両事例を研究対象として選定した理由は以下の通りである[4]。両事例は，複数の医療関係機関が電子カルテを共有することによって，地域医療における医療関係機関の機能分化と連携を目指している点で共通している。また，情報システムを構築するための費用は，多額の国費によって賄われている。ただ，千葉県山武地域は大都市近郊に位置する，人口が微増する地域で医師が少ない。一方，宮崎県は人口が減少する地方で，高齢化率も高く，今後医師や医療機関の不足が見込まれる。このように，両事例は同じように補助金が投入されているうえに，今後の医師不足が見込まれる点で共通するにもかかわらず，医療情報ネットワークの構築主体が掲げる理念とそれを踏まえて展開されるネットワークの態様はそれぞれの事例で異なる。すなわち，わかしお医療ネットワークの空間スケールは二次医療圏の一部分を占める山武地域である一方，はにわネットの空間スケールは宮崎県全県である（表2-2）。したがって，医療情報ネットワークの構築主体が，情報ネットワークをいかなる地域でどのように利用しようとしたのかを比較検討することで，情報ネットワークの空間スケールについてより一般化した議論が展開できよう。

本章では，新たなICTを特定の地域に受容した医療情報ネットワークを取り上げ，ICTが受容されていくプロセスを病院や診療所などの各アクターの行動原理から明らかにする。両事例を分析するにあたって，構築主体である中核病院へのヒアリングによって，医療情報ネットワークの構築過程を詳細に記述する。医療情報ネットワークの特徴を示すため，ヒアリングのほか，経済産業省の事業報告書や中核病院の資料および統計資料を利用した。考察にあたって，医療情報ネットワークの空間スケールを，主に中核病院や参加機関の利害関係から分析する。それを踏まえ，ICTと社会関係との相互作用

がいかなる空間スケールを有しているのかを考察したい。

2. 研究対象地域の概要

第一の事例として，わかしお医療ネットワークが展開された千葉県山武地域[5]の現状を概観する。

まず，千葉県内の人口動態と医療資源について，二次医療圏別に概観しよう（表3-1）。二次医療圏別の高齢化率をみると，山武地域を含む印旛山武医療圏は，16.8％と比較的低い値を示す。また，人口増加率（2000～2005年）をみると，東葛南部医療圏が4.7％と最も大きな値を示し，千葉医療圏（4.0％），印旛山武医療圏（2.0％）と続く。しかし，印旛山武医療圏を山武地域と印旛地域に区分して高齢化率をみると，印旛地域（15.5％）に比べて，山武地域が20.8％と高い。また，山武地域の人口増加率（0.6％）は，印旛地域（2.4％）に比べるとさほど高くない。

2002年に厚生労働省が実施した医療施設調査によると，印旛山武医療圏の人口10万人あたり病院数（4.0）と一般診療所数（52.1）は千葉県内で低い水準にとどまっている。さらに，印旛地域と山武地域を比較すると，人口10万人あたり病院数（それぞれ4.1と3.8）では印旛地域が，一般診療所数[6]（それぞれ50.9と55.7）では山武地域が若干高い値を示す。そのため，山武地域内の病院が受け入れ可能な患者数は限られており，病院と診療所が一体となって今後の高齢化にともなう患者の増加に対応する必要がある。

病院における人口10万人あたり病床数をみると，千葉県は全国平均（1285.6）を大きく下回っており，特に印旛山武医療圏（824.4）は全国平均の6割強となっている。山武地域の病院病床数は710.1と，さらに病床数が少ないことがわかる。

山武地域の医師数は全国平均と比べて少ない。山武地域の人口10万人あたり医師数は，全国平均（205.6人）の半分以下（94.0人）である。特に糖尿病など生活習慣病の専門外来は1カ所しか存在せず，生活習慣病に対する医療システムは不十分である。糖尿病の重症化による糖尿病性壊疽によって

表3-1 二次医療圏別にみた医療資源の現状

二次医療圏名	人口 (2005年)	65歳以上割合(%)	人口増加率(%)	病院数	10万人対	一般診療所数	10万人対	救急告示病院数	10万人対	10万人対病院病床数	10万人対医師数
千葉	924,319	16.5	4.0	296	32.0	614	66.4	22	2.4	1027.4	237.0
東葛南部	1,634,059	15.0	4.7	63	3.9	987	60.4	27	1.7	834.8	118.2
東葛北部	1,288,628	16.7	1.6	57	4.4	712	55.3	30	2.3	831.3	128.5
印旛山武	875,507	16.8	2.0	35	4.0	456	52.1	18	2.1	824.4	126.8
山武地域	211,800	20.8	0.6	8	3.8	118	55.7	3	1.4	710.1	94.0
印旛地域	663,707	15.5	2.4	27	4.1	338	50.9	15	2.3	860.9	137.3
香取海匝	347,176	24.7	-3.3	25	7.2	190	54.7	13	3.7	1314.6	158.1
夷隅長生市原	522,749	20.5	-0.3	31	5.9	298	57.0	16	3.1	950.4	131.4
安房	141,543	30.8	-3.7	16	11.3	86	60.8	8	5.7	2034.0	256.5
君津	322,481	19.7	-1.2	21	6.5	195	60.5	10	3.1	910.4	110.4
千葉県	6,056,462	17.5	2.1	544	9.0	3,538	58.4	144	2.4	931.5	146.0
宮崎東諸県	424,763	19.1	0.6	42	9.9	380	89.5	18	4.2	1541.8	294.5
都城北諸県	195,500	24.1	-0.2	31	15.9	142	72.6	12	6.1	1935.0	185.7
宮崎県北部	159,803	26.1	-3.6	21	13.1	96	60.1	7	4.4	1670.8	164.0
日南串間	83,032	30.0	-4.9	12	14.5	64	77.1	4	4.8	2181.1	199.9
西諸	83,522	29.6	-5.2	18	21.6	62	74.2	5	6.0	1740.9	182.0
西都児湯	111,189	24.6	-2.9	13	11.7	78	70.2	7	6.3	1608.1	129.5
日向入郷	95,233	24.6	-2.0	15	15.8	70	58.8	8	8.4	1857.5	161.7
宮崎県	1,153,042	23.5	-1.5	152	13.2	878	76.1	61	5.3	1719.3	216.1
全国	127,767,994	20.1	0.7	9,187	7.2	94,819	74.2	4,343	3.4	1285.6	205.6

資料:総務省 (2000, 2005)『国勢調査報告』および厚生労働省 (2002)『医療施設調査』より作成。

下肢の切断をしなければならないケースは,山武地域では1999年から2002年の平均で,20万人あたり6.8肢と,全国平均(1.2肢)の5倍にも上っている(平井,2004, p.100)。対象地域の山武地域の人口はそれほど増加していないものの,高齢化が進んでおり,今後の医療需要の増大が見込まれることから,医療システムの充実が急務となっている。

印旛山武医療圏の救急医療体制に関してみると,印旛地域では,成田赤十字病院と日本医科大学付属千葉北総病院(現・日本医科大学千葉北総病院)が救命救急センターに指定され,救急告示病院も15施設存在している[7](図3-1)。一方で,山武地域では,救命救急センターが存在しないうえに,救急告示病院は3施設が存在するのみである。人口10万人あたり救急告示病院

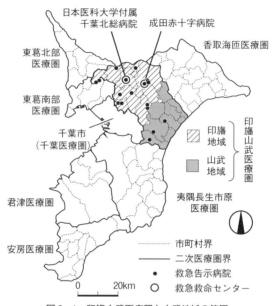

図3-1 印旛山武医療圏と山武地域の範囲
注：2002年10月現在。救急告示病院および救急救命センターは印旛山武医療圏内に立地している施設のみ図示している。

数をみても，山武地域は1.4と，全国平均（3.4）の半分以下の値である。このように，高度医療を担う中核病院は，印旛地域と比較して山武地域で少ない。山武地域に立地する医療機関は中核病院である千葉県立東金病院（2014年3月に東千葉メディカルセンター開院にともない閉院）（以下，東金病院）に高度医療のための資源を依存している。

次に，はにわネットが展開された宮崎県内の医療資源の特徴を概観する（表3-1）。宮崎県は人口密度が全国平均より低く，九州山地に多くの僻地を抱えている。2000～2005年の人口増加率をみると，宮崎市を含む都市部の宮崎東諸県医療圏を除いて人口が減少している。一方，高齢化率は宮崎県平均で23.5％と高くなっている。二次医療圏別の高齢化率をみると，宮崎東諸県医療圏を除いて全国平均（20.1％）を上回る値を示す。そのため，高齢の患者にとって，長距離の移動が難しいため，患者の移動をともなわない医療情報の交換手段の必要性が高くなっている[8]。

近年，宮崎県の病院数および病院病床数は，ともに減少傾向にある。しかし，人口10万人あたり病院数，病院病床数をみると，すべての二次医療圏の病院数と病院病床数が全国平均（それぞれ7.2と1285.6）を上回っている。一方，宮崎県における2002年の人口10万人あたり診療所数は76.1施設と，全国平均（74.2施設）とほぼ同水準である。しかし，二次医療圏別にみると，宮崎東諸県（89.5施設）は全国平均値を大幅に上回っている。このことから，宮崎県における人口あたり病院数および病院病床数は，どの医療圏においても全国平均に比べて多いが，一般診療所は宮崎東諸県医療圏に偏在している。

宮崎県の10万人あたり医師数は216.1人と全国平均（205.6人）を若干上回っている。二次医療圏別にみると，宮崎東諸県（294.5人）が他の医療圏に比べて突出しており，その他の医療圏では全国平均を下回ることから，宮崎東諸県医療圏に医師が偏在している状況がみてとれる。

宮崎県内の救急医療体制をみると，医療機関は，2002年10月現在，61施設が救急患者の受け入れ可能な救急告示病院として定められている。加えて，休日や夜間における入院治療を必要とする重症救急患者の医療を行う二次医療救急体制は，各二次医療圏の1〜3施設の病院において整備されている。さらに，高度の検査，手術を要する重篤な救急患者を受け入れる三次救急医療体制は，県立宮崎病院，県立延岡病院および宮崎医科大学附属病院（2003年10月に宮崎大学医学部附属病院に改称）において整備されている[9]（図3-2）。

このように宮崎県では，医療資源は人口に比べ多いが，高齢者の割合が高いため，医療サービスへのニーズは今後よりいっそう増加すると予想される。県内の地域別にみれば，特に高度医療を担う医療施設は，宮崎東諸県医療圏に含まれる宮崎市と宮崎県北部医療圏に含まれる延岡市に集中している。そのため，多数の診療所が日常の健康管理をはじめとする一般的な医療を担い，少数の病院が入院治療を必要とする医療を，さらに重篤の患者については地域中核3病院が担うといった医療体制の階層性を保持するため，医療従事者や医療施設を効率的に活用することが望まれている。

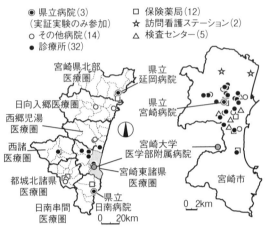

図3-2 はにわネットの参加機関の分布
注：2003年10月1日現在。
資料：はにわネット協議会ウェブサイトより作成。

3. 医療情報ネットワークの構築過程

3-1. わかしお医療ネットワーク

わかしお医療ネットワークを立案したのは，山武地域の中核病院である東金病院の院長であった。そこで以下では，東金病院院長の意思決定を中心にこの医療情報ネットワークが構築された過程を述べる。

1998年に東金病院に着任した同院長は，医師不足に起因する医療システムの不備を，病院と診療所との役割分担と，病院における専門の外来科から診療所への技術移転による開業医の技能向上によって解決することを目指したという。

当時，山武地域にあった7病院は，夜間の急患の受け入れに対応できず，山武地域外の病院へ患者を搬送せざるを得ない状況であった。こうした状況に対応するため，1998年，山武地域を管轄する山武郡市広域行政組合が，一次救急の診療にあたる夜間診療所を設置し，そこから紹介された急患を複数の病院が輪番制で対応する「二次救急輪番制」を整備した[10]。東金病院は

月7日間の救急輪番を担当したが,担当期間中は山武地域内の救急患者を無条件で引き受ける必要があった。救急患者は内科の医師を必要とするケースが最も多く,東金病院が有する五つの病棟すべてに内科患者が入院できる体制が必要であった。そこで同年,院長は院内LANを整備し,それを入院時のベッド管理に活用することによって,全病棟に内科患者が入院できる体制を整えた（平井,2004,pp. 13-18）。

同時に,病院職員と医師会員および薬剤師会員との研修支援と交流を推進するため,東金病院職員が講師となって,東金病院の現状分析や研究報告,症例検討などを報告する会議を設けた。こうした交流を通じて,お互いの現場における診療や服薬指導の内容が共有された（平井,2004,p. 20）。さらに2000年,東金病院は地域医療の質を向上させるため,病院と診療所,製薬会社をオンラインでネットワーク化し,診療所が生活習慣病治療薬の臨床治験に参加する全国初の治験ネットワークを立ち上げた。この取り組みによって,電子カルテの操作性に関するノウハウが蓄積された。

こうした情報基盤の整備と人材育成を並行して進めていた当時,生活習慣病患者が病院の外来患者の40％を占めるのが実情であった。同院長は地域における医療関係機関が一体となって生活習慣病予防の仕組みを構築するための基盤として,医療情報ネットワークの導入を構想した。特に糖尿病は予防から予後にわたるケアが必要となるため,さまざまな医療関係機関による連携が求められる。軽症の場合は食事療法や薬物療法を基本とした合併症の予防対策で対応可能であるが,重症の糖尿病患者に対しては,インスリン療法によって血糖値を良好な状態にコントロールし,異常値を示す場合には,近くのかかりつけ医で検査を受けられる仕組みが必要となる。

そこで同院長はまず,インスリン療法を診療所に普及,啓蒙し,診療所でもインスリン自己注射の患者に対応しうる体制を整えた（平井,2004,pp. 100-101）。その情報基盤として,2001年に山武地域を管轄する山武郡市医師会,山武郡市薬剤師会とともにわかしお医療ネットワークを立ち上げた[11]。

その誘因となったのは,2000年12月に通商産業省が先進的情報技術活用型医療機関等ネットワーク化推進事業を掲げたことである。東金病院は同事

業にわかしお医療ネットワークとして応募し，採択された。応募した時点で，東金病院に院内 LAN が整備されていたため，得られた補助金のすべてを医療関係機関間の情報ネットワーク化に充てることができたという。2001 年 4 月以降，補助金を用いてシステムの開発と構築を行い，同年 11 月から 3 カ月の実証実験を行った。

経済産業省が採択した事業の大部分は，医療機関同士の連携を主眼としているが，薬局が参加していることが，わかしお医療ネットワークの特徴である。実証実験の参加機関は，山武郡市医師会および山武郡市薬剤師会からの推薦で選出された。その結果，15 カ所の診療所と 16 カ所の保険薬局が参加した。特に山武郡市薬剤師会は，東金病院への通院患者が多い地域に立地する薬局のうち，パソコンの操作に抵抗を感じない会員に参加を呼びかけた。

まず，地域の中核病院である東金病院に電子カルテ・サーバが設置され，ネットワークに参加する医療機関および保険薬局のデータが一元管理された。その際，情報共有を可能にするため，診療所に電子カルテ・システムが導入された。こうしたデータはデジタル化されるとともに，電子カルテ・サーバに送信される。

電子カルテの利点は，診療履歴一覧から，時系列で診療内容全体を俯瞰することができる点である。診療所が東金病院へ患者を紹介する場合，紹介を受けた東金病院の医師は，紹介元である診療所における患者の診療履歴を閲覧することができる。こうした情報交換は，東金病院から診療所に患者を逆紹介[12]された場合にも可能であり，東金病院で患者がどのような検査を受けたのか，それに対する医師の所見や今後の治療方針はどのようなものであるかといった詳細な情報をオンラインで容易に閲覧することができる。従来の紹介状や電話，ファクスを介したやり取りでは，CT やレントゲンの画像データを添付するかどうかは，紹介する側の医師の判断によっていた。しかし電子カルテであれば，紹介を受けた医師の判断によって，文字情報だけでなく，検査データの数値や画像情報に至るまで，必要なときに必要な情報をいつでも閲覧することができる。これにより，逆紹介を受けた医師は患者に確認することなく無駄な検査を省き，スムーズに治療を行うことができる

(平井，2004，pp. 44-45)。

　ただし，ネットワーク上を流れる患者情報は，診察や検査データなどプライバシーに関わるものであり，その取扱いは個人情報保護の観点から最も配慮を要する。そこでこの医療情報ネットワークでは，参加機関の医師は患者同意説明文書を提示して，インフォームドコンセントを十分に行い，患者の同意を得られた場合にのみ，ネットワーク上で連携先と診療情報を共有することにした。

　わかしお医療ネットワークは，2002年4月に正式運用を開始した。運用段階では，システム開発会社の定期点検や保守運用のために常駐させているシステムエンジニア2人の人件費等として，毎年約4000万円が予算化された。同ネットワークは2002年度，厚生労働省の地域診療情報連携推進事業に採択され，参加機関の数と業種を増やすとともに新たな機能を加え，2003年度から新規の運用を開始して現在に至っている。

3-2．はにわネット

　次に，はにわネットの構築の過程を詳述する。宮崎県における地域医療の連携のきっかけとなったのは，宮崎医科大学の教授が診療情報の交換・保存のための標準規約を開発，普及させることを目的として，MedXMLコンソーシアムという研究会を2000年に立ち上げたことである。同研究会において，標準規約の開発が行われ，それが実際の業務で活用される段階になった2000年12月に通商産業省の先進的情報技術活用型医療機関等ネットワーク化推進事業が公募された。そこで，同教授は同事業を標準規約の有効性を検証する機会ととらえ，宮崎県医師会が申請主体となって同事業に応募し，採択された。はにわネットは，宮崎医科大学内に設置された共同利用型サーバに患者の診療情報を蓄積しておき，必要に応じて参加医療関係機関や患者の間でこうした情報を共有するものである。

　一方，宮崎県は，第5次宮崎県総合長期計画において位置付けていた「みやざきIT戦略」等を踏まえ，県内の情報通信基盤として，超高速ネットワークの光ファイバーケーブル（宮崎情報ハイウェイ21）を整備する構想

を 2001 年 3 月に策定した。この構想では，公共，社会サービスの推進や行政手続の電子化，産業の活性化や企業誘致の促進によって，県民サービスの向上を図る目的で，県内 8 カ所のアクセスポイントを拠点とし，宮崎県と県内の 44 市町村すべてが光ファイバーで結ばれることとされた[13]（図3-3）。

そこで宮崎医科大学附属病院は，宮崎情報ハイウェイ 21 をはにわネットの情報基盤として活用することを宮崎県に提案した。宮崎県は，この提案が宮崎情報ハイウェイ 21 の目的に合致すると判断して受け入れた。こうして 2001 年ごろから，大学病院，県医師会，宮崎県の三者が連携するための話し合いが行われた。はにわネットは，宮崎県の既存の情報ネットワークを利用できたため，ネットワークのインフラ整備にかけるコストが発生しなかった。そのため，大学病院は補助金をハードウェアとソフトウェアの開発費用に充てることができた。

大学病院と県医師会は，実証実験を 2001 年 12 月から 2 カ月間行った。宮崎県医師会が会員約 800 人のうち，パソコン操作に詳しい医師に事業への参加を呼びかけ，9 カ所の病院と 10 カ所の診療所が実証実験に参加した。は

図 3-3　宮崎情報ハイウェイ 21 の敷設状況
資料：宮崎大学医学部附属病院資料より作成。

にわネットは宮崎県内の健康と福祉のためのネットワークづくりを目的としており，宮崎県民と行政，病院，診療所，検査センター，薬局，福祉施設といった健康，福祉に関連する施設をつなぐネットワークを想定していた。そのため，実証実験には上記の病院と診療所以外に，8カ所の保険薬局と1カ所の検査センターが参加した。3カ所の県立病院は，宮崎県の働きかけもあって，経済産業省が補助した実証実験のみに参加した[14]。その後，はにわネットは2002年度に厚生労働省の地域診療情報連携推進事業に採択され，参加施設数が拡大されるとともに，電子カルテの機能が強化された。

　病院や診療所がネットワーク上で扱う情報の内容は，従来の紙媒体のカルテの内容と同一である一方，薬局や患者が扱う情報は，健康に関する共有記録としての特性をもつ。このように，両者が参照したい情報の内容は異なるため，はにわネットでは，病院や診療所が扱う情報と，薬局や患者が扱う情報を区別した電子カルテが開発された。病院や診療所は，オーダリング[15]や診療の記録を行う一方，患者は，自身のカルテを参照し血圧などの日々の健康記録を入力して医療機関に提供する。また薬局は院外処方箋を持参した患者のカルテを参照し，投薬状況などを入力する。同ネットワークの運用により，紹介先の医療機関は，過去の検査や診察結果，服薬の履歴を参照できるため，転院や薬を出す作業を円滑に行えるうえ，急病時には持病の有無もすぐに確認できる[16]。さらに，初診を受ける患者にあっても過去の病歴がわかるため，適切な治療を選択できるという[17]。

　2003年4月以降，宮崎県医師会と宮崎医科大学によって設立された宮崎健康福祉ネットワーク協議会が，はにわネットを正式に運用するとともに，ネットワークセンターの維持，管理，運用規定などの整備を行っている。保守運用業務は，システム開発会社に無償サービスとして委託している。

　同協議会は今後，①スポーツ選手とトレーナーとの間の情報共有による指導やメディカルサポート，②ウェルネスコーディネータやウェルネスマネージャの指導による日々の健康管理の実践，③農山村のリゾート・温泉施設等の利用やツーリズム活動による地域住民への健康サービス提供，④病院や診療所と訪問看護ステーションとの介護分野の連携を進めることで，健康福祉

の向上に役立つ活動を積極的に行っていくという。また，はにわネットによる医療連携の取り組みを全国的に普及させる試みが，標準規約を開発した教授によって進められている。

4. 医療情報ネットワークの態様と医療関係機関の行動原理

　前節でみたように，わかしお医療ネットワークとはにわネットはいずれも，中核病院が中心となって情報ネットワークの構築を呼びかけていた。また，中核病院が国の補助金をシステム整備費や運用費に充当したことによって，ネットワークの継続的な利用を可能にしていることも共通している。

　本節では，二つの事例において，医療情報ネットワークを構築した中核病院とその他の医療関係機関との利害関係の考察を通じて，情報ネットワークの空間スケールがどのように設定され，そのスケール内で機関間のリンクがいかに形成されているのかを検討する。そして，それぞれの事例を比較することによって，情報ネットワークの空間スケールについてより一般化して議論したい。

4-1. 中核病院の役割

　中核病院が他の医療関係機関と連携する誘因は両事例に共通している。

　近年，中核病院は自院に患者が集中する傾向を緩和するため，外来医療や入院治療後の予後観察を目的とした患者を他の医療関係機関に分散させる必要があった。中核病院は救急や入院機能を強化して，地域医療の拠点としての役割を果たさなければならない。今後，いっそうの高齢化による患者の増大が見込まれるため，症状に合わせて患者を円滑に医療機関に逆紹介できるような体制が必要であった。

　患者を紹介された医療関係機関は，適切に患者に対処するため，過去の検査や診療の結果，薬の処方内容を知る必要がある。そのため，中核病院と他の医療関係機関がそれぞれの機能を明確にして役割分担するうえで，診療情報を共有することが不可欠である。このようにして，中核病院は入院機能を

強化する一方で,入院や手術の必要のない患者を地域内の医療関係機関に分散させるための手段として医療情報ネットワークを用いたのである。

しかし,医療情報ネットワークの構築主体である中核病院が掲げる理念と,それを踏まえて展開されるネットワークの態様はそれぞれの事例で異なる。その背後には,中核病院が既存の医療体制の問題を解決するため,医療情報ネットワークをどのように利用するかについての認識の違いがある。

わかしお医療ネットワークの場合,地域中核病院である東金病院が想定した山武地域で展開している。東金病院院長は,東金病院を山武地域の地域医療を支えるための中核病院と位置付け,診療所における医療技術の向上を図る必要があるとの理念をもっていた。すなわち,東金病院は山武地域における医療資源の不足をカバーするため,わかしお医療ネットワークを,既存の医療体制を補完する手段として認識していた。そこで,参加者の募集範囲は,山武地域を管轄する山武郡市医師会や山武郡市薬剤師会の会員に限定された。

同院長は空間スケールを設定するにあたって,①印旛地域には大病院が多数ある一方で,山武地域では医療資源の不足が顕著であった,②参加する医療機関が多すぎると,システム維持費が大きくなりすぎるというコストの問題が存在した[18],③山武地域に居住する糖尿病患者をはじめとする住民の日常生活圏は,山武地域内で完結していた[19],といった地域的文脈を考慮した。

特に第三の日常生活圏について,交通アクセスの改善にともなって,同地域の通勤や購買行動の広域化が進み,同地域に隣接する千葉市や成田市との結び付きが強くなっている。しかし,同地域の中核都市となっている東金市は,山武地域内の周辺町村を通勤圏および商圏として発展している傾向が依然として強く,受療行動の範囲も山武地域内でほぼ完結しているとみてよい。特に,わかしお医療ネットワークが対象とする糖尿病患者の多くは高齢者であるため,自家用車を利用したり,首都圏に通勤したりする割合は低く,山武地域外への流出は少ないと考えられる。このことから,患者の受療圏が彼らの日常生活圏とする山武地域内でほぼ完結しているとみてよい。

一方,はにわネットの情報基盤は宮崎県全域をカバーしている。全県の情報ネットワーク化が実現した理由は,宮崎医科大学附属病院が情報基盤を整

備した宮崎県の協力を得たためである。はにわネットは，この情報基盤が掲げる目的に沿うように，宮崎県内の健康と福祉のための情報ネットワークとして位置付けられた。

　具体的には，同病院は，はにわネットの利用者として宮崎県民を想定している。はにわネットが想定するサービスは，健康や福祉といった日常的なケアから災害や高度医療に渡る広範囲のものである。県内であれば，二次医療圏を超えた患者の行動圏の拡大にも対応しうる空間スケールとなっている。さらに，災害時や救急時における高度医療においても，はにわネットを活用できる。事実，同病院がはにわネットの実証実験において，県内の中核病院である県立病院を参加させたことは，高度医療への活用を期待していることを裏づけている。県立病院は実証実験に参加したに過ぎないが，このことは二次医療圏の範囲を超えた県内の複数の中核病院同士が情報を共有する手段として，はにわネットの有効性を実証することにつながった。これらを実現するため，宮崎県や宮崎県医師会などの医療関係団体が協調した結果，はにわネットの展開が実現したといえよう。参加を呼びかけた医療機関の範囲は，宮崎県を管轄範囲とする宮崎県医師会の会員であった。

　二つの医療情報ネットワークにおいて，中核病院は情報システムを患者の受け入れ先となりうる他の医療関係機関を確保する手段として用いる点では共通している。それにもかかわらず，空間スケールを異にするのは，維持運用費の問題をクリアできる範囲内で，中核病院が掲げる目的に応じた空間スケールを設定して，医療情報ネットワークを構築したためである。すなわち，医療情報ネットワークの空間スケールは，地域の医療ニーズによって一律に決められるものではなく，中核病院が満たそうとする医療ニーズの空間スケールに関する意思決定に依存している。中核病院がそのようにして設定された地域を管轄範囲とする地域医師会や地域薬剤師会などと協調することは，患者の分散先としてできる限り多くの診療所や薬局を参加させるための方策であった。

4-2. 医療関係機関の行動原理

次に，参加機関の分布をみてみよう。図3-4に示すように，わかしお医療ネットワークに参加している医療機関は，芝山町を除くすべての市町村に立地しているが，参加の割合は低い。また，参加薬局は東金市のほかは九十九里町，大網白里町（現・大網白里市），成東町（現・山武市），山武町（現・山武市），蓮沼村（現・山武市）には立地しているが，山武地域の北部に少なく，東金市周辺に集中している傾向がうかがえる。さらに，保健所や訪問看護ステーション，老人保健施設などその他参加機関8施設は東金市のほかに，九十九里町，大網白里町，成東町，蓮沼村に分布しているのみである。

一方，はにわネットの場合，図3-5によると，ネットワークに参加する46の医療機関のうち，28が宮崎市内に存在する。また，宮崎市以外のネッ

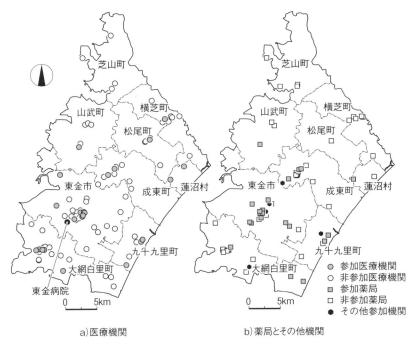

a）医療機関　　　　b）薬局とその他機関

図3-4　わかしお医療ネットワークの参加機関の分布

注：2004年12月現在。
資料：東金病院資料より作成。

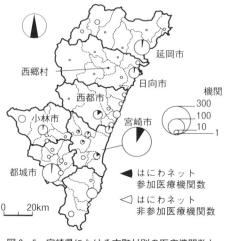

図3-5 宮崎県における市町村別の医療機関数とはにわネットへの参加状況

注：2003年10月1日現在。
資料：宮崎大学医学部附属病院資料および宮崎県医師会ウェブサイトより作成。

トワーク参加機関にあっても，宮崎市の周辺市町村に数カ所が分布するのみである。宮崎市が属している宮崎東諸県医療圏以外の二次医療圏に立地する医療機関の所在地とその数は，延岡市（2），日向市（1），西郷村（現美郷町）（1），西都市（4），小林市（1），都城市（2）のみである。したがって，宮崎市外の医療機関と連携する場合は，ネットワークに参加する医療機関が少ないために，依然として従来の紙による紹介状のやり取りが必要となる場合が多い[20]。

さらに，医療機関以外にネットワークに参加している訪問看護ステーションや検査センター，薬局も宮崎市に偏在している。そのため，現時点で，はにわネットを介して，住民の福祉や健康に関わる情報を共有することによる連携のメリットを享受できるのは，宮崎市やその周辺市町村の居住者に限られている。

加えて，参加機関にあっても，利用頻度には差がある。たとえば，わかしお医療ネットワーク上で1カ月に100回の情報提供や紹介，逆紹介をしている機関がある一方で，数回にとどまる機関もあるという[21]。

このように，双方の医療情報ネットワークにおいて，医療機関のネットワークへの参加率が低く，また参加しても利用頻度が低い場合も依然として残る。それは，中核病院から患者を逆紹介されなくとも現状で経営が安定していたり，パソコンの操作に不慣れな医療従事者にとって，ネットワークに参加するインセンティブが乏しいからである。また，両ネットワークは運用されて間もないため，電子カルテの有効性を疑問視して参加を見合わせる医

療従事者も多いと考えられる．事実，はにわネットでは，電子カルテに患者情報を入力する負担が大きいことや，高齢化した医師や患者にとって情報機器の導入に対する抵抗感が存在することが，電子カルテ化による他の医療関係機関との連携を阻む障害になっている[22]．このことから現状では，医療情報ネットワークは医療システムを再編成するというよりはむしろ，既存の医療体制を補完する手段として機能しているといえる．

では，参加機関はどのような論理で医療情報ネットワークに参加しているのであろうか．従来，中核病院は外来患者の診療や調剤まで担ってきた．中核病院はこの従来の方針を転換し，医療情報ネットワークを通じた役割分担の必要性を他の医療関係機関に理解させる必要があった．ここで，他の医療関係機関が医療情報ネットワークに参加するインセンティブとなったのは，地域医師会や地域薬剤師会などの医療関係団体が中核病院と協調したことである．

地域医師会や地域薬剤師会などの医療関係団体は，その管轄地域で活動する開業医や薬局薬剤師を主な会員としており，会員の共通課題を解決するための活動母体となっている．地域医師会や地域薬剤師会は会員の職能団体として活動し，会員も自らが所属する同組織に利害を代表する役割を求めてきた．そのため，これら医療関係団体が医療情報ネットワークの参加機関を募る窓口となったことは，中核病院が掲げる医療情報ネットワークの利用目的が，会員への紹介患者の増加につながると判断した結果であろう[23]．

電子カルテがもつ技術的，経済的側面もまた，情報ネットワークに参加する誘因となっている．一般に，電子カルテの仕様は標準化されていないため，医療関係機関が単独で電子カルテを導入しても，他の医療関係機関が導入する電子カルテとの互換性がない場合が多い．したがって，医療関係機関が個別に電子カルテを導入しても，施設内を情報化することによるコスト削減効果しか期待できない．また，独自仕様の電子カルテは開発費などのコストが高く，コストパフォーマンスが低い．その反面，中核病院が構築した医療情報ネットワークに参加すれば，情報システム開発費を含むコスト負担を回避できる．

このようにして，中核病院と一部の診療所や薬局などの医療関係機関との利害が一致した結果として，医療情報ネットワークの運用が可能になった。一方，大部分の医療関係機関は依然として医療情報ネットワークに参加していない。それは，医療関係機関は原則としてそれぞれの自由裁量でこうしたネットワークに参加するどうかの意思決定を行うことができることによる。当面の参加を見送った医療関係機関は，参加によって得られるメリットが少ないと判断している。そのため，医療情報ネットワークは特定の地域をカバーしたにもかかわらず，実際に医療情報ネットワークに参加して情報を授受する医療関係機関は一部にとどまっている。

5．小括

　最後に，特定の地域にICTが受容されていく過程をより一般化して議論したい。

　本章で検討した医療情報ネットワークの事例において，ICTの導入は空間スケールの設定をめぐって地域医師会や地域薬剤師会といった医療関係団体の利害の一致を必要とする。ICTが導入される以前の医療提供体制は，軽症から重症へ，頻度の高い疾患から少ない疾患へと一次医療，二次医療，三次医療という階層構造をもっていた。こうした構造は国の施策として，地域医療計画のなかで推進されてきた。しかし，一次医療で済む患者が二次，三次医療を行う大病院や大学病院に集中するなど，必ずしも地域医療計画の思惑通りに患者は行動していなかった（武藤，2004）。それは，日本の病院の大部分が開業医の診療所から出発したため，どの病院においても外来が入院と同じくらい大きな比重を占めてきたためである（池上・キャンベル，1996）。つまり，病院と診療所や保険薬局といった医療関係機関は，外来患者の自由な受療行動に基づいて，それぞれの医療サービスを提供していた。そのため，主に診療所の医師を会員とする地域医師会や，主に薬局の薬剤師を会員とする地域薬剤師会が設定する管轄地域が，医療サービスの供給に影響を与える場面は少なかったといえる。

一方，ICTの導入を主導した地域中核病院は，医療情報ネットワークの空間スケールを設定する必要に迫られる．その空間スケールは，地域医療における当該病院の役割と他の医療関係機関との関係が表出した結果である．本章における2事例の空間スケールは，医療情報ネットワークの維持運営費といった技術的，経済的問題だけではなく，中核病院が果たそうとする機能によって相違が生じた．

　地域中核病院は医療情報ネットワークへの参加機関を確保するため，診療所や保険薬局を組織する地域医師会や地域薬剤師会による協力が必要であった．その際，医療情報ネットワークの空間スケールとして，既存の医療圏や地域医師会，地域薬剤師会の管轄範囲が考慮される．もし，こうした職能団体の管轄範囲がカバーされなければ，地域によって当該ネットワークに参加できない会員が生じることになる．国民が必要な医療を受けられることを目指してきた日本の医療体制の特性上，患者のアクセスが阻害されることにつながる恐れのある中核病院の行動は，社会的批判を受けることを免れない．こうした事情から，医療情報ネットワークが展開する空間スケールを決定する権限を有する中核病院と，当該ネットワークを利用するかどうかの意思決定の権限を有する医療関係団体との利害関係を踏まえて，医療関係団体の管轄地域が医療情報ネットワークの空間スケールとして考慮されることになる．このことから，ICTは複数の医療関係機関の利害関係を医療情報ネットワークの空間スケールに反映させるように機能した．

　しかし，医療関係機関は相互に独立した経営主体として存在するため，たとえ空間スケールが定義されたとしても，その地域内に立地するすべての医療関係機関がICTを導入するわけではない．医療関係機関がICTを導入するか否かの判断は，各機関の自由裁量に委ねられる．その際，地域内の医療関係機関は，自己の果たすべき役割に沿うと判断すれば医療情報ネットワークに参加する．ICTの導入の可否をきっかけとして，医療関係機関はそれぞれの果たすべき役割を問われるのである．

　ここで，中核病院とその他の医療関係機関の関係を単純な支配－抵抗の関係でとらえることはできない．中核病院が少ない地方では，患者の入院や検

査依頼などにおいて，診療所は入院病床や検査機器といった病院の資源に大きく依存している．そのため，一中核病院への診療所の資源依存度の高い地域の方が，資源依存度の低い都市部よりも医療情報ネットワークの受容度は高い（秋山，2006）．秋山美紀は都市部として東京や大阪を，非都市部として鶴岡や千葉県山武地域，宮崎県を挙げているが，ネットワークがカバーする地域内における受容度の差については言及されていない．しかし，非都市部と位置付けられた本章の2事例において，よりミクロな地域差に注目すると，ネットワークの受容度が高い地域は，東金市や宮崎市といった中核病院が存在する中心部のみで，その周辺町村部において，医療情報ネットワークへの参加率は依然として低い水準にとどまっていた．このことから，非都市部の医療関係機関は外来患者の獲得をめぐる従来の競争関係を維持しつつ，中心部に立地する一部の医療関係機関がICTの利用を前提とした紹介や逆紹介を行っているのが現状であろう．

　以上のように，本章では，医療情報ネットワークを事例として，ICTが受容される空間スケールが，さまざまな医療関係機関の利害関係を踏まえて確定されることを示した．また，ICTは地理的に均一に受容されるわけではなく，ある場所と場所とを選択的につなぐことで紹介や逆紹介といった社会関係をつくる役割を担っていく．

　本章は，全国スケールで起こる高齢化といった環境要因の変化への対応策として，ICTと医療関係機関間の関係との相互作用が，ローカルなネットワークとして出現することを示した．また，事例の時間の長さも数年単位にとどまる．しかし，今後，ICTと社会関係はあらゆるスケールにおいて，長期にわたって絶えず相互作用していくであろう．今後，情報の地理学的研究において，ICTがどういった地域に受容または拒絶されていくのかを，他のアクターとの関係性からとらえるため，空間スケールの確定をめぐる利害関係に注目して検証していくことが求められよう．

第4章　普及促進機関による医療情報ネットワークの普及過程

1. はじめに

　1990年代後半以降における急速なインターネットの普及を契機として，地理学の研究は，地理的なデジタル・デバイドの問題（Graham and Marvin, 1996）や，インターネット上に作り上げられた仮想的な世界であるサイバースペースの誕生（Kitchin, 1998）などを指摘してきた（荒井ほか編，2015）。これらの研究の多くは技術決定論に依拠しつつ，さまざまな地域問題を解決する手段としてのICTの有効性を論じてきた。しかしながら，複数の主体が共同で利用する情報システムを通じて構築されるサイバースペースは，現実世界のなかに空間的に固定されたインフラや資源などに加えて，他者との相互作用を含む主体間の関係性や，他者との協調行動といった地域間で異なる社会関係の影響を受けるため，技術決定論でとらえることは難しい。

　異なる主体間の相互扶助機能や紐帯に注目した概念として，ソーシャル・キャピタルがあげられる。代表的論者であるパットナムは，ソーシャル・キャピタルを調整された諸活動を活発にすることによって社会の効率性を改善できる，信頼，規範，ネットワークといった社会組織の特徴と定義した（Putnam, 1993）。イタリア（Putnam, 1993）や米国（Putnam, 2000）の州レベルでは，ソーシャル・キャピタルが有効的で応答的な統治をもたらすことが示された。

　しかし，日本の地方政府では，ソーシャル・キャピタルではなく，政治エリートに対して適切な支援，批判，要求，監視を行う市民エリートの力（シビック・パワー）が，行政改革，情報公開，産業政策，入札制度改革，NPO政策などの政策領域におけるパフォーマンスを高める効果をもち，

ソーシャル・キャピタル以外の歴史的，政治的，構造的，制度的，社会経済的要因に規定される可能性が明らかにされた（坂本 2010）。一方，シビック・パワーの財政運営や福祉政策への改善効果は確認されなかったことから，政策領域によるシビック・パワーの効果の差異を理論的に解明する必要がある（坂本，2010）。

　本章では，他者との相互作用を含む主体間の関係性や，他者との協調行動といった地域間で異なる社会関係の影響が大きい情報システムとして，同一都道府県内の複数の主体が共同で利用する医療情報ネットワークを取り上げる。医療情報ネットワークの構築と普及支援を目的として，複数の医療機関と地域医師会が協調して普及促進機関が設立された。そのメンバーは必要な専門知識や自由時間をもちあわせた市民エリートたる医療従事者であり，シビック・パワーによる医療政策への効果を検証する意義が認められる。システム構築と維持のための技術的，金銭的問題がクリアされつつある現在，基礎自治体の領域を超えてシステムが普及している。しかしながら，地域医師会や地域薬剤師会といった職能団体および行政との協調行動が普及のあり方に大きく作用する。特に，職能団体は基礎自治体に基づく管轄地域で活動する開業医や薬局薬剤師を主な会員を対象に，地域住民の健康増進につながる取り組みの一つとして，医療情報ネットワークの普及に向けた支援を行うケースが多い。しかし，任意加入団体であることから，医療情報ネットワークの普及に与える影響は団体によって異なることが予想される。こうした職能団体の行動を検討することは，地域包括ケアシステムを支える共通基盤としての医療情報ネットワークの機能に関する議論にも寄与するものと考えられる。

　地理学では，ソーシャル・キャピタルを地域レベルの因子とみなし，健康の地域格差や食料品アクセスに与える影響，都市化や郊外化との関連性が計量的に分析されてきた（岩間ほか，2016；中谷・埴淵，2013；埴淵ほか，2012）。しかしながら，先行研究において，個々の部分地域は統計的関連性を検討するための分析単位に過ぎず，場所の地域的文脈への質的調査が不十分であった（埴淵ほか，2010）。本章が対象とする医療情報ネットワークは県全体に普

及している場合でも，市町村内の普及過程は，利用者たる各医療施設や自治体単位で活動する職能団体の行動に大きく規定されると考えられる。したがって，システムが同一都道府県内に普及する過程を都道府県内のスケールから分析するだけではなく，市町村内のローカルな地理的スケールにおいて関係主体の行動を分析する必要がある。

そこで本章では，医療供給主体間の関係から医療情報ネットワークの普及過程を明らかにすることを目的とする。普及促進機関による協調行動から，医療情報ネットワークが市町の領域を超えていかにして普及したか検討する。市町内のよりローカルなスケールにおいては，職能団体の行動がシステムの普及過程にどのように作用したか検証する。

調査対象として，長崎県の医療情報ネットワーク「あじさいネット」を選定した。長崎県は後述するように，九州本土と島嶼部，本土内の市町間の医療資源の格差が大きいうえ，地域による職能団体の行動パターンに差異がみられる。こうした地理的条件は，医療情報ネットワークの普及状況に地域差を生じさせると考えられる。調査方法は長崎県医療政策課，国立病院機構長崎医療センター（長崎県大村市，以下，長崎医療センター），大村東彼薬剤師会（2013年1月），上五島地域のあじさいネット利用施設（2013年5月）への聞取り調査ならびに大村東彼薬剤師会の会員薬局へのあじさいネット利用に関するアンケート調査（2013年8月～9月）である。

以下，次節では，対象地域を概観し，第3節では，あじさいネットの構築，長崎市への普及，全県への普及と，時系列に沿って医療情報ネットワークの構築と普及の過程を検証する。第4節では，各主体の行動から医療情報ネットワークの普及要因を県内スケールと市町内スケールに分けて明らかにする。最後に，第5節では，医療情報ネットワークの普及過程とその空間的帰結を考察する。

2．対象地域の概要

長崎県は無人島を含めると約600の島々があり，そのうち離島振興対策実

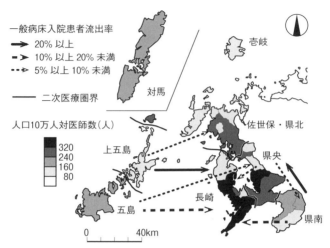

図4-1 市町別にみた10万人あたり医師数と二次医療圏別にみた入院患者受療動向
資料：長崎県『長崎県医療統計2010年版』および『患者調査』より作成。

施地域の指定を受けた51の有人島に，約14万人が生活を営んでいる（長崎県企画振興部，2013）。長崎県における医療システムの特徴は，①人口あたりの医療施設や病床数，医療従事者数といった医療資源は総じて多いこと，②長崎，佐世保・県北，県央の各医療圏と，県南医療圏および離島地域の医療資源の地域差が大きいことである。たとえば，2010年における人口10万人あたりの医師数は，長崎県において284.7人と全国平均（230.4人）を54人も上回るが，本土部医療圏では296.6人に対して，離島部医療圏（五島，上五島，壱岐，対馬）では165.5人であり，本土と離島の地域差は依然として大きい（図4-1）。こうした傾向は，病院を除いた医療施設や病床，他の医療従事者においても同様にみられる（第7章）。

　他圏域への入院患者流出率は，県南圏域から県央圏域に35.0%，上五島圏域から長崎圏域に20.9%と高くなっている[1]。こうした地域では，患者住所の圏域内の病院に入院している割合が50～60%台と低くなっているが，入院患者流出率の低い長崎，佐世保・県北圏域では同値が90%を超える。このように，長崎県では医療資源の相対的に少ない離島から，豊富な本土へ

と入院患者が流出している。そこで，離島における医療資源の不足に対する支援の一環として，ICT を利用した遠隔医療が試みられてきた経緯がある[2]。

実際に，長崎県における ICT を利用した医療供給の取り組みは全国的にみて早かった。長崎県は 1973 年に厚生省の離島医療システム形成モデル県に指定された（日本情報開発協会，1974）。そして 1974 年の実験を経て，心電図の電話伝送システムなどが実用化された[3]。続いて，1984 年に長崎県が「長崎県離島医療 INS（Information Network System）活用調査委員会」を発足させ，離島医療への INS を利用した伝送実験を実施した。1991 年には，長崎県からの委託によって，離島医療情報システム（遠隔画像診断システム）が導入された。その後，2000 年から 2002 年にかけて，長崎県が協力機関，通信・放送機構（現・情報通信研究機構）が事業主体となった，長崎県マルチメディア・モデル医療展開事業が，国のモデル事業として展開された（長崎県，2010b）。これによって，離島 12 病院および診療所が高度医療・専門医療を担う長崎大学病院や長崎医療センターから ADSL 網により遠隔診断支援を受けるシステムが確立された。現在，年間 500 件前後の相互通信が行われており，専門的な診断や治療方針，ヘリコプター搬送の決定に利用できるようになっている[4]。

一連の ICT の利用を前提とした医療支援は，遠隔地にある医療機関や普及促進機関との連携をともなう。したがって，医療支援における実績の蓄積は，医療従事者が新規の医療情報ネットワークの採用のため，他の機関と連携する心理的障壁を下げるうえで，一定の効果を有するものであったと推測される。

長崎県の医療情報ネットワーク普及の中心となっているのが長崎医療センターである。大村市に立地する長崎医療センターは，病床数 634 床，年間外来患者数およそ 20 万人の長崎県の中核病院としての機能を担っている。同センターは 2006 年以降，ドクターヘリを導入し，県全域をカバーする救急体制を確立している。また，同センターは阪神淡路大震災程度の地震に耐えうる免震構造で建てられており，地域の医療機能が低下した際には，災害拠点病院としての機能を発揮しうる。さらに，高度専門医療施設の代表ともい

える肝疾患センターを有しており,県央医療圏唯一の地域がん診療拠点病院として,県央がんセンターを開設し,癌診療体制を整えている[5]。このように,同センターは国の政策医療,大学病院のような医療研究活動,地域病院のような豊富な症例をあわせ持つ。このことから,同センターにとって,県内のあらゆる医療関連施設との情報共有を可能とする医療情報ネットワークを構築する意義は大きかったと考えられる。

3. 長崎県における医療情報ネットワークの普及過程

　本章では,医療情報ネットワークが普及した先駆的事例として,長崎県のあじさいネットを取り上げる。参加形態は情報提供病院と情報閲覧施設の2種類に分かれる。前者は自院の電子カルテをあじさいネットと接続して診療情報を公開する病院である。後者は公開された病院の診療情報を閲覧する医療関連施設である。

　同システムの普及過程は,システム参加者の分布密度と,地理的な広がりの程度によって,以下の3段階に分けることができる(表4-1,図4-2)。すなわち,長崎医療センターと大村市民病院,大村市医師会との協働によって,大村市とその周辺地域においてシステムが構築された第1期(2003年5月～2009年3月),長崎市医師会との協働によって,システムが長崎市に普及した第2期(2009年4月～2011年6月),長崎県のすべての医療関連施設を対象に,システム参加者が増加した第3期(2011年7月～2014年10月)である。本節では,段階ごとにシステムの構築と普及過程を詳述する。

3-1. 構築前後の取り組み

　あじさいネット構築以前,大村市には人的ネットワークに基づく医療機関同士の連携の実績が存在していた。1991年以降,在宅ケアセミナーが年1回開催されており,医師会,歯科医師会,薬剤師会が交流する機会となっている。また,患者が医療従事者の書いたメモを記載したノートを共有する取り組みが進められていた。ただ,医療従事者が健康状態やサービスの内容を

入力する手間がかかったり，患者がノートの持参を忘れたりする問題が生じたという。さらに，隔月の糖尿病に関する勉強会，各診療科における勉強会など，ほぼ毎月何らかの勉強会が開催されている。

　2000年以前，大村市医師会と大村市民病院の間にはオレンジ封筒，大村市医師会と長崎医療センターの間にはブルー封筒という仕組みがあった。この封筒を通じて，医師会会員施設から基幹病院へ紹介された患者は，優先的に外来診療を受けることができる[6]。また，大村市医師会は，コンピュータ西暦2000年問題をきっかけに，理事会のメーリングリストを構築するなど，ICTを利用した情報共有の仕組みを整えたという（木村，2011）。当時のメール利用率は約6割と比較的高かったことをはじめ，新しい仕組みがあれば積極的に利用しようとの姿勢をもつ医師が多かったという。

　長崎医療センターでは，2001年にオーダリングシステム[7]を富士通に発注したことがきっかけとなって，2004年に富士通が開発した電子カルテに切り替えることになった。長崎医療センターは，2003年に地域医療支援病院[8]の認定を受けたことから，電子カルテへの切り替えの際，他の医療機関への紹介や逆紹介において，診療情報を共有するニーズが生じた。そこで，長崎医療センターは大村市医師会に対して，電子カルテを通じた情報共有を提案した。

　しかし，医師会は，特定の医療機関と情報共有すれば，患者の囲い込みになると判断し，2003年5月に地域医療IT化検討委員会を設置して，地域全体の医療機関が参加できるシステムの構築を目指した。大村市民病院は大村市の自治体病院として，長崎医療センターと医師会との連携に取り残されることを危惧して，同委員会に参加することにしたという（富士通，2011）。

　その結果，同委員会において，大村市医師会，大村市民病院，長崎医療センターの各代表者が集まることになり，毎月1,2回の会合がもたれた[9]。同委員会において全国の医療情報ネットワークにおける過去の失敗例の原因が調査され，システム開発の基本的方針として，①診療所の視点でシステムを構築し，診療所の診療の質向上のための支援を目的とすること，②費用負担をできる限り軽減するために導入コストを抑えること，が掲げられた。さら

表4-1 あじさいネットの沿革

	年	月	内容
第1期	2003	5	地域医療IT化検討委員会が発足
		12	第1回大村地域診療所医師向けアンケート実施
	2004	7	「長崎地域医療連携ネットワークシステム協議会」(通称:あじさいネット)が正式発足
		11	あじさいネット正式運用開始
	2005	4	長崎市医師会において「地域医療ネットワーク推進部会」が発足
		5	市立大村市民病院が運用開始
		9	連携医療機関数(入会数)50施設に到達
		10	長崎地域医療連携ネットワークシステム協議会がNPO法人化
	2006	10	第1回長崎市内病院向けアンケート実施
	2007	2	第1回長崎市内診療所医師向けアンケート実施
		8	第2回長崎市内病院向けアンケート実施
		11	長崎市にて主要9病院の代表と長崎市医師会の代表によるあじさいネット運用検討会「あじさいネット準備委員会」発足
	2008	3	連携患者数5,000名超が登録
		8	第2回長崎市内診療所医師向けアンケート実施
		10	事務局を大村市医師会から長崎県医師会に置くことを議決
			大村市医師会より長崎県医師会へ事務局移転
	2009	2	長崎市医師会が新規入会
第2期		4	VPNネットワークをメッシュ型VPNよりオンデマンドVPNに変更
			レセプトオンライン請求に対応
			長崎地域「あじさいネット」運用開始
			長崎大学病院,光晴会病院,十善会病院が運用開始
		9	連携医療機関数(入会数)100施設に到達
		11	日赤長崎原爆病院,長崎市立市民病院(現長崎みなとメディカルセンター 市民病院)が運用開始
	2010	1	連携患者数10,000名超が登録
		5	済生会長崎病院,井上病院,聖フランシスコ病院が運用開始
			第1回あじさいネット研究会を開催(於:長崎市/長崎県医師会館)
		9	長崎記念病院が運用開始
	2011	1	ID-LinkサーバーをPrivate Cloud型に移行
		2	連携医療機関数(入会数)150施設に到達
		3	連携患者数15,000名超が登録
			Human Bridgeサーバーを導入し,全富士通系システムの接続完了
		4	Private Cloud型SSO(シングル・サイン・オン)の運用開始(全病院システムに対するログインの一元化)
		5	第1回県北地域診療所医師向けアンケート実施
			第2回あじさいネット研究会を開催(於:大村市/シーハットおおむら)
			ID-LinkサーバーとHuman Bridgeサーバーの接続完了
		7	長崎県上五島病院,長崎北病院が運用開始
		8	国立長崎川棚医療センターが運用開始

	2012	2	連携患者数 20,000 名超が登録
		3	佐世保市立総合病院，佐世保中央病院，長崎労災病院，佐世保共済病院の 4 病院が情報提供病院として正式入会
		4	佐世保市医師会が新規入会
		5	第 3 回あじさいネット研究会開催（於：大村市/活水大学看護学部講堂）
		7	東彼杵郡医師会が新規入会
		10	諫早医師会が新規入会
			佐世保市立総合病院，佐世保中央病院が運用開始
		11	佐世保共済病院が運用開始
		12	連携患者数 25,000 名超が登録
第3期	2013	4	県内 13 施設において新離島・救急医療支援システム運用開始
			遠隔読影サービス運用開始
			あじさいネット TV 会議運用開始
		5	長崎労災病院が運用開始
			第 4 回あじさいネット研究会開催（於：長崎市/長崎県医師会館）
		6	虹が丘病院が運用開始
		8	健康保険諫早総合病院（現独立行政法人地域医療機能推進機構　諫早総合病院），長崎県五島中央病院が運用開始
		9	連携患者数 30,000 名超が登録
		10	国立病院機構嬉野医療センターが運用開始
		12	光晴会病院が富士通（Human Bridge）から NEC（ID-Link）へ切り替え
	2014	2	聖フランシスコ病院が NEC（ID-Link）から富士通（Human Bridge）へ切り替え
		4	連携患者数 35,000 名超が登録
		5	貞松病院が運用開始
		7	愛野記念病院が運用開始
			諫早記念病院が運用開始
			日赤長崎原爆諫早病院が運用開始
			上戸町病院が運用開始

注：太字はシステムの普及段階が切り替わるきっかけとなった内容を示す。
資料：あじさいネットのウェブサイトより作成。

に，2003 年 12 月，診療所のニーズを明らかにするため，大村市医師会会員医師を対象に，ICT を利用した診療情報の閲覧に関するニーズ調査が実施された（松本・本多，2007）。また，長崎医療センター内では，地域中核病院として病院内の情報を地域に還元すべきであるという自院の役割が院内の医療従事者に伝えられるとともに，1 年間にわたってカルテの記載方法が指導された[10]。

　以上のような取り組みを経て，2004 年 11 月，長崎医療センターの電子カルテ情報を大村市と諫早市の 31 医療機関が閲覧するシステムとして，あじ

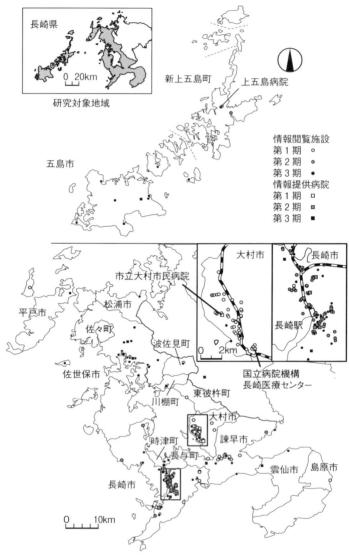

図4-2 あじさいネット参加施設の分布
注:対馬市,壱岐市は参加施設がなく,図示していない。
資料:あじさいネットのウェブサイトおよび聞取り調査より作成。

さいネットの運用が開始された。それに先立つ2004年7月，長崎地域医療連携ネットワークシステム協議会が任意団体として正式に発足した。協議会の設立は，特定の医療機関による囲い込みではなく，地域の医療機関による自律的な活動であることを強調するための組織体制であった（木村，2011）。続いて2005年5月，大村市民病院が自院の診療情報を公開するに至った。同協議会は2005年10月にはNPO法人格を取得した。

あじさいネットが運用開始された当初，費用対効果と信頼性の高いインターネットVPN（Virtual Private Network）が採用され，情報提供病院が公開する診療情報を閲覧できるようになった。医師会会員施設を中心とする情報閲覧施設は，情報提供病院への入院時の検査から診断に至る過程，毎日の記録や経過表などを通じて，従来知りえなかった診療経過を把握することができるようになった（松本・本多，2007）。第1期に参加した情報閲覧施設は，長崎医療センターや大村市民病院の近隣だけではなく，大村駅前の中心市街地をはじめ，JR大村線沿いの広域に分布している。さらに，諫早市中心部にも多数の情報閲覧施設が確認できる（図4-2）。これらの多くが，情報提供病院を受診した患者の外来医療を担当する診療所として機能していると推測できる。

なお，同時期において，大村市や東彼杵郡（東彼杵町，川棚町，波佐見町）では，調剤薬局の参加による情報閲覧施設数の増加が確認されたが，その経緯については第4節で詳述する。

3-2. 長崎市への普及

次に，長崎市医師会との協働によって，大村市における取り組みが長崎市に普及した第2期の過程を検討する。協議会の運営委員は，長崎県全域へのあじさいネットの普及を目指したが，普及が困難であると予想された地域の一つが長崎市であった。同市には開業医が約510人，勤務医が約450人の会員を有する長崎市医師会がある。患者獲得において競合関係にある拠点病院が複数あるため，あじさいネット参加へのコンセンサスを得るための協議に3年半を要したという[11]（NEC，2013）。そこで，長崎市においては，長崎市

医師会の部会である長崎在宅 Dr. ネットのメンバーとの協調が重要であった。

　長崎在宅 Dr. ネットは，在宅療養を希望する入院患者の主治医が見つからない場合に，事務局が窓口となって，メンバーの開業医のなかから，主治医，副主治医を紹介する仕組みである。従来は，退院前にその患者にかかわる病院スタッフ，在宅の主治医，副主治医，訪問看護師，介護支援専門員，介護ヘルパーといった関係者をメンバーとする症例単位のメーリングリストをつくり，退院時から退院後の在宅医療・介護に至る情報を共有していた。

　彼らが中心となって検討を進めた結果，2009 年 2 月，長崎市医師会はあじさいネットに参加した。これによって，長崎市医師会の会員施設が情報閲覧施設として加入した場合，個別に支払う必要のあった 5 万円の入会金を支払う必要がなくなった[12]。続いて，2009 年 4 月，長崎大学病院，光晴会病院，十善会病院が情報提供病院として参加することで，あじさいネットは長崎市において運用され始めた。その後，2009 年 11 月に長崎市立市民病院（現・長崎みなとメディカルセンター市民病院）および日赤長崎原爆病院，2010 年に 4 病院，2013 年，2014 年にそれぞれ 1 病院が，情報提供病院としてあじさいネットに参加した。その結果，11 病院（長崎市内の病院数の 22.4％）の計 3037 床のベッド（長崎市内の病床数の 29.7％）があじさいネットによる情報提供の対象になった。長崎市の中心部から JR 長崎本線沿いの市街地にかけて，システム参加施設が多く分布していることがみてとれる（図 4-2）。

3-3. 全県への普及

　そして，システム参加者が長崎県全域に及んだ第 3 期では，長崎県による資金援助が普及過程に大きな影響を与えた。これまで検討してきたように，あじさいネットの普及には医師会や地域中核病院が中心となって設立した協議会が，普及促進機関としての役割を果たしてきたが，行政は関与してこなかった。事実，長崎県福祉保健部医療政策課への聞取り調査によると，長崎県はあじさいネットの運営に関して，原則として，資金援助をせずに会費のみによる自律性に委ねるという立場をとってきた。

第4章　普及促進機関による医療情報ネットワークの普及過程

　しかし，あじさいネットの長崎県全域への普及のため，厚生労働省による予算措置である地域医療再生臨時特例交付金が活用されることとなった。同交付金は，2009年度第1次補正予算において，地域の医師確保，救急医療の確保など，地域における医療課題の解決を図るため，都道府県に配分されたものである（厚生労働省，2009）。具体的には2010年度，各都道府県に2地域ずつ全国で計94地域（各県2地域）にそれぞれ25億円が，その後の5年間にわたる地域医療再生計画の基金として配分された。

　長崎県は交付金を受けるための地域医療再生計画において，医療資源の乏しい佐世保・県北医療圏へのあじさいネットの拡充に要する初期費用を計上した。2010年1月に決定された交付金50億円のうち，3.2億円が複数のベンダー間の相互運用を可能とするために配分された。情報提供病院として参加する佐世保・県北医療圏（佐世保市，松浦市，平戸市，佐々町）の病院において，ゲートウェイ型のサーバ設置費用の半額が補助された。

　その結果，2012年3月，佐世保市に立地する4病院が長崎地域医療連携ネットワークシステム協議会に加入し，情報提供病院として順次運用を開始した。続いて，2012年4月，佐世保市医師会が同協議会に新規に加入した。2014年10月現在，佐世保市の32医療関連施設，平戸市の2施設，松浦市の1施設が情報閲覧施設として参加するに至った。

　さらに2010年度補正予算において，地域医療再生臨時特例交付金が拡充された。すなわち，広域医療圏における医療提供体制の課題を解決するため，追加で各都道府県に相当する52の三次医療圏（北海道のみ6圏域）に各15億円が基礎額として配分された。長崎県の地域医療再生計画において，癌死亡率の低下と地域医療連携体制の構築が目標として掲げられた。特に，後者の目標については，諫早および島原地域へのあじさいネットの拡充のために約1.4億円が配分された。また，前者の目標についても，あじさいネットを基盤とした画像伝送，読影システムを構築し，身近な医療機関による癌検診の質向上を図ることとされた（長崎県，2013）。一連の基金による助成によって，2014年までクラウドサービスの利用にかかる費用が賄われることになった。

73

その結果，2012年10月，諫早医師会が入会，2013年8月に健康保険諫早総合病院（長崎県諫早市），2014年7月に愛野記念病院（長崎県雲仙市），諫早記念病院（長崎県諫早市）および日本赤十字社長崎原爆諫早病院（長崎県諫早市）がそれぞれ情報提供病院として運用を開始した。2014年10月現在，情報閲覧施設として，諫早市の20施設，島原市の1診療所，雲仙市の1診療所が，助成対象である諫早および島原地域から参加している（図4-2）。

　さらに，上五島地域では，2004年11月のあじさいネット稼働時に，上五島病院が閲覧施設として参加した。上五島病院は2001年，遠隔画像診断システムを導入したが，画質と診断医師の質に不安があったという。その反面，あじさいネットでは，NPO法人の責任のもと，高い画質と参加医師の質が担保される。また，ヘリポートを有する長崎医療センターへのドクターヘリ搬送が年間30～50件を数えるなど，上五島病院が長崎医療センターに患者を紹介したあとの診療状況を知ることの利点は大きかった。

　2009年4月以降，新上五島町に立地する3病院が上五島病院に集約されたことで，入院機能を果たす地域中核病院としての同病院の役割が明確化した（第7章）。必要な入院治療を終えた患者をスムーズに退院させるために診療情報を他施設と共有することのメリットが大きいことから，2011年7月，同病院は情報提供病院となった。これを機に，情報閲覧施設として系列診療所が2施設，調剤薬局が3施設，介護老人保健施設が1施設参加した。介護老人保健施設は従来，退院後の受け入れ先として，上五島病院との情報交換が活発であった。また，五島列島を管轄範囲とする五島薬剤師会が参加を呼びかけた結果，参加した調剤薬局はいずれも上五島病院に近接立地して当該病院の処方箋をおもに扱う，いわゆる門前薬局となっている。ある薬局では，上五島病院を受診した患者の処方箋が全体の9割を占めるという[13]。

　以上，あじさいネット参加施設数の推移をみると，第1期には，あじさいネット稼働当初，情報提供病院としての参加は，2施設にとどまる一方，多数の情報閲覧施設が参加した（図4-3）。しかし，その後，情報閲覧施設はほとんど増加しなかった。第2期になると，情報提供病院および情報閲覧施設は急増した。第3期の増加ペースはさらに速くなった。月間増加施設数は，

第 4 章　普及促進機関による医療情報ネットワークの普及過程

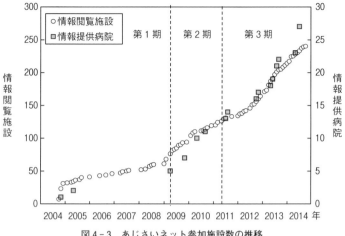

図 4-3　あじさいネット参加施設数の推移
資料：あじさいネットのウェブサイトより作成。

情報提供病院で第 1 期の 0.04 から第 3 期の 0.40 へ，情報閲覧施設で同時期に 1.26 から 2.78 へといずれも上昇した。後者の地理的広がりも，第 3 期には平戸市，松浦市，波佐見町，長与町といった情報提供病院がみられない市町を含め広域に及んだ（図 4-2）。

　2014 年 12 月現在，あじさいネットは会員数 437 人，情報提供病院数 27 施設，情報閲覧施設数 240 施設，あじさいネット説明同意書取得済みの登録者数 4 万 115 人を数える[14]。市町単位の情報閲覧施設数と情報提供病院病床数との相関係数は 0.965 ときわめて高い。また，市町単位でみた情報閲覧施設数と国勢調査報告による 2010 年現在の市町別人口との相関係数は 0.923 と，人口規模との密接な関係もみられる。しかし，人口 9.0 万人，情報提供病院の病床数が 1003 床の大村市で情報閲覧施設が 46 であるのに対して，人口 26.1 万人，病床数 1669 床の佐世保市では 32 施設の参加にとどまるなど，人口規模および情報提供病院病床数と，情報閲覧施設数とが必ずしも対応しない市町も散見される（図 4-4）。システム普及の後発地域である佐世保市と比べて，あじさいネットが構築された大村市では，システムの有用性についての理解が進んでいると考えられる。

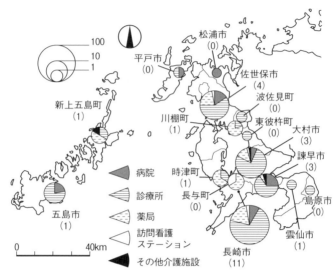

図4-4 業種別にみた情報閲覧施設の分布
注1：対馬市と壱岐市は参加施設がなく，図示していない。佐賀県内に情報提供病院が1施設あるが，図示していない。
注2：括弧内の数字は情報提供病院数。
資料：あじさいネットのウェブサイトにより作成。

　川棚町，長与町，時津町，新上五島町といった都市周辺部や島嶼部では，情報閲覧施設の絶対数は少ないものの，病院や診療所以外の薬局を中心とした医療関連施設数の参加割合が高い（図4-4）。こうした地域では，情報閲覧施設にとって売上や利益の多くを依存する少数の情報提供病院が中核病院として機能しているため，システムの費用対効果が相対的に大きいものと考えられる。

　たとえば，新上五島町内で唯一の病院となった上五島病院は，情報提供病院として機能している。2011年以降2013年5月まで，上五島病院の閲覧情報は44件，提供情報は計160件であった。調剤薬局への情報提供が多く，介護老人保健施設向けの提供情報は22件であった。診療所による閲覧は数件程度にとどまる。2013年7月現在，あじさいネットに登録している病院患者数は314人で，その目的は調剤薬局等関係施設への情報提供が269人，長崎大学病院などの情報提供病院の情報閲覧が45人となっている。前者で

は，抗癌剤の服用や副作用の疑いなど，薬局への処方意図を伝達するケースが該当する。後者では，上五島病院では対応できない検査や症例の患者が本土の情報提供病院を受診するケースが該当する[15]。

このように，少数の情報提供病院への依存度が高い小規模市町において情報閲覧施設の業種の多様化が認められる。一方，長崎市や大村市といった都市部では，多数の病院や診療所が競合関係にあるにもかかわらず，診療所の構成比が高い。その要因として，普及促進機関の形成および地域医師会との協調行動が考えられることから，次節においてシステムの普及要因を詳しく検討する。

4. 医療情報ネットワークの普及要因

前節では，大村市で構築されたあじさいネットが，参加施設数の増加ペースをあげながら県全域に普及していく過程を明らかにした。本節では，普及段階ごとの医療供給主体間の関係を整理した図4-5をもとに，医療情報ネットワークの普及要因について，県内スケールと市町内スケールに分けて考察する。市町の領域を超えたシステム普及の要因を検討するため，県内スケールでは，普及促進機関内の信頼関係の構築および他の組織や団体との協調行動の形成過程に注目する。そして市町内スケールでは，長崎市医師会および

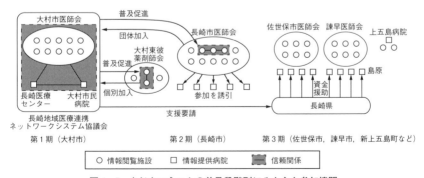

図4-5 あじさいネットの普及段階別にみた主な参加機関
資料：聞取り調査より作成。

大村東彼薬剤師会の一部のメンバー間の信頼関係に注目して，職能団体の行動がシステムの普及過程にどのように作用したか検証する．

4-1. 県内スケール

　普及促進機関である長崎地域医療連携ネットワークシステム協議会が形成されたのは第1期であった（図4-5）．異なる利害をもつ医療供給主体が，診療情報を共有するための医療情報ネットワークを構築するという同じ目的のために，国立病院，市立病院，地域医師会の三者が協調して協議会を設立した．

　大村市に立地する長崎医療センターは長崎県内で最も早期に ICT を導入した．同センターは当初，大村海軍病院として設立され，多くの被爆者の救護にあたった経緯がある．戦後は国立病院を経て，国立病院機構として，厚生労働省が定める政策医療を展開してきた．こうした歴史的経緯から，同センターは県央医療圏の拠点病院としてのみならず，離島支援の機能も担ってきた．この医療機能における高い拠点性が，他の医療関連施設と連携する手段として ICT を導入する誘因になったと考えられる．

　協議会の設立は，特定の医療機関による囲い込みをなくし，潜在的参加主体のシステム参加に対する心理的障壁を下げる効果を生んだと考えられる．また，同協議会が資金的な借り入れの基盤となるうえ，寄付や行政機関との協働における受け皿として，あじさいネットの運用における説明責任を果たしていることを明確化できる利点がある（富士通，2011）．

　システムの利用負担をできる限り抑える工夫もみられた．あじさいネットの運用の継続性を重視して，運用費は補助金などの公的資金に依存しすぎることなく，会費で賄うことを原則とした．

　一方，人口規模の大きい長崎市には，同様の医療機能を有する病院が複数立地しており，患者の受け入れに関して競合関係にある．各病院は患者転院先として，近隣の診療所や介護施設と個別に連携することはあっても，共通のシステムを導入するインセンティブはなかった．こうしたボトルネックを解消したのは，長崎在宅 Dr. ネットのメンバーを中心とした長崎市医師会の

協力を得たことであった（図4-5）。

　医師会からの協力を仰ぐための協議会の方策として，医師会単位の入会を想定した団体料金の設定があった。個人で入会すると，5万円の入会金を要するが，医師会単位で参加すれば一括200万円の入会金を当該医師会が支払うことで，個々の会員の入会金は不要とした（富士通，2011）。こうした協議会の対応は，多くの会員を抱える医師会ほど個々の入会金の節減効果を大きくする。そのため，長崎市医師会にとって，団体料金を支払うことは，会員個々のコスト負担の回避を通じた組織力の強化につながるとの判断があった可能性が指摘できる。

　最後に，長崎県からの資金援助を引き出したことが，あじさいネットの長崎県全域への普及に大きく貢献した。特に，佐世保・県北医療圏と諫早および島原地域に対する情報提供病院が支払うべき初期費用の半額補助は，厚生労働省による臨時的な予算措置がなければ実現不可能であった。とはいえ，長崎県が自律的な取り組みとしてのあじさいネットの普及拡大をあえて支援するに至ったことは，当初の長崎県の方針にそぐわない。その遠因として，2-2で述べた通り，長崎県を含む医療供給主体による，従来のICTを利用した全県にわたる積極的な医療支援があったことを指摘できよう（図4-5）。

　このように，市町の領域を超えてあじさいネットが普及した要因として，①普及促進機関の形成による異なる利害の一致，②普及促進機関による地域医師会との協調およびコスト負担の軽減を通じた参加施設数の増加，が指摘できる。

4-2．市町内スケール

　市町内スケールでは，長崎市における長崎市医師会と，大村市および東彼杵郡における大村東彼薬剤師会の行動が注目される。

　まず，長崎市では，長崎在宅Dr.ネットのメンバーの協調行動が，長崎市医師会による団体加入につながった。長崎在宅Dr.ネットの設立のきっかけは，2002年，長崎市医師会が長崎在宅ケア研究会を組織したことにある。この研究会では，多職種が集まって勉強会を行うとともに，医師，医療関係

者，一般に向けて講演会などを実施していた（白髭・野田，2009）。勉強会における議論において，医師の連携への要望が出されたことを機に，長崎在宅ケア研究会に参加していた医師と，その同級生の医師の計13名が中心となって長崎在宅Dr.ネットを発足した（白髭ほか，2012）。2006年の診療報酬改定によって，在宅療養支援診療所が整備されて以降，長崎在宅Dr.ネットのメンバーが増加した。また，長崎在宅Dr.ネットの代表者は，長崎市医師会の理事に就任した直後だったこともあり，2007年以降，長崎在宅Dr.ネットは長崎市医師会の部会として認知され，年間数万円の補助を受けている。

　メンバーのほとんどが長崎市医師会の情報処理委員会の委員を務めており，彼らによって，医師会会員全員が共通規格によって参加できる安価なシステムとしてあじさいネットの採用が決定された（NPO法人長崎地域医療連携ネットワークシステム協議会，2012；富士通，2011）。また，あじさいネットは厚生労働省の安全管理ガイドラインのセキュリティ指針に準拠し，共有される情報は高度に暗号化されているためにセキュリティの問題は少ない。さらに診療情報を時系列で閲覧することが可能なため，病院でどんな治療を受けてきたのか，従来のメーリングリストよりも容易に把握できる（白髭ほか，2012）。

　このようにして，長崎市では競合する医療機関が多いにもかかわらず，長崎市医師会内の特定メンバー間における強力な信頼関係が，長崎市医師会による団体加入，ひいては情報提供病院の参加を誘引した（図4-5）。長崎市医師会は開業医を中心とした多くの会員を有しており，医師会単位のシステムの利用行動が個々の会員の負担を減らすと同時に，大病院による情報提供行動を促したものと推測できる。

　次に，大村市および東彼杵郡では，情報閲覧施設が調剤薬局へと多様化した。2006年当時，入院患者の診療情報のみを開示していた長崎医療センターは，外来患者に関する情報も開示することを前提に，大村東彼薬剤師会（会員薬局数59）に参加を呼びかけたという。これを受けて，2007年に長崎中央薬局が調剤薬局として初めてあじさいネットに参加した。長崎中央薬局

は元来，長崎県薬剤師会の資金援助を受け，長崎医療センターに隣接して会営備蓄センターとして経営されていた。しかし，2005年の大村東彼薬剤師会の法人化にともなって，2006年に同薬局を買い取った経緯がある。したがって，同薬局は，大村東彼薬剤師会が会員に資する政策的取り組みを具体化するための実験的な店舗と位置付けられよう。外来患者の情報開示と試行期間を経たことで，2008年には会員薬局のうち5薬局があじさいネットに参加した。

　アンケート調査において，あじさいネットに参加していると回答した8薬局は，検査情報や処方意図の閲覧を通じた適切な服薬指導および薬歴管理に効果を見出していた[16]。あじさいネット不参加薬局もシステムの有効性を認めていたが，現状において情報提供病院の受診患者の処方箋枚数が少ない（5薬局）こともあり，費用対効果が低い（5薬局）との判断から参加を見合わせていることが分かった。一方，情報提供病院に隣接立地しているあじさいネット参加薬局は（図4-6），当該病院から多くの処方箋を受け取るとともに，あじさいネットから得た診療情報を服薬指導の向上に役立てているものと考えられる。しかし，あじさいネット参加薬局のなかには，特定の情報提供病院に隣接していない薬局も複数確認できる。こうした薬局を運営する薬剤師には，当時の薬剤師会の会長や理事が含まれる。彼らは関係団体との実質的な交渉窓口となっており，日ごろから普及促進機関の関係者と情報交換する機会があった。このことから，薬剤師会の役職に就いていた薬剤師がシステムの有用性を熟知していたことも，システム普及の要因の一つとして指摘できる。

　このように，大村市では，普及促進機関の存在にもかかわらず，システムへの参加が，役職メンバー間の信頼関係に基づいた一部の薬局にとどまっている（図4-5）。その理由は，①会員薬局の立地場所や薬剤師の立場による費用対効果への認識の差が大きかったこと，②会員数が相対的に少ないため，組織的対応によって個々の会員が享受できるメリットが少なかったこと，があげられる。このように，全県への医療情報ネットワークの普及過程は，普及促進機関のみならず，地域間で異なる職能団体の規模や団体内におけるメ

図4-6 大村東彼薬剤師会会員薬局に対するアンケート回答薬局の分布
資料：アンケート調査より作成。

ンバー間の信頼関係に強く影響されることが明らかになった。

5. 小括

　本章は，長崎県における医療供給主体間の関係から医療情報ネットワークの普及過程を明らかにした。特に，普及促進機関による協調行動の形成過程から，医療情報ネットワークが市町の領域を超えてどのように普及したか検討するとともに，職能団体の行動が医療情報ネットワークの普及過程にどのように作用したか検証した。

　患者のフリーアクセスを基本とする日本において，各医療機関は患者の獲得をめぐって競合関係にある。その結果，自発的に構築される医療情報ネットワークは，構築主体に最適な囲い込みにとどまる傾向があった。本章の事例では，普及促進機関の形成や，地域間で異なる職能団体の特性が，医療情報ネットワークの長崎県全域の普及過程に大きく影響していた。

　県内スケールでみると，普及促進機関による協調行動が，異なる利害をもつ主体による共通のシステムの運用を可能にした。また，普及促進機関による職能団体との協調およびコスト負担の軽減を通じた参加施設数の増加によって，市町の領域を超えてシステムが普及した。医療従事者によるシビック・パワーは，システム普及を通じて，長崎県の財政支援を引き出した点において，有効的かつ応答的な地方政府の実現に寄与したとみなせよう。

　ただし，市町内スケールでみると，システムの普及には地域差がみられた。システム普及の要因として，団体メンバー間の強い信頼関係に基づく協調行動が示唆された。一方で，一部の医療従事者がシステムに参加するのみで，システムの効果が十分に発揮されない地域もみられた。このことから，システム普及に与えるシビック・パワーの影響は，地理的に一様ではないこともまた指摘できる。

　本章の事例地域である長崎県は，離島を多く抱え，医療資源の地域差が大きいことから，既存の社会関係も多様であった。こうした地理的条件が，医療情報ネットワークの普及のあり方を規定する要因となっていた。一律の財政的措置は，多様な医療需要にあった医療情報ネットワークの整備にとって，

必要条件ではあるものの,十分条件とはならないのである。本章の分析結果は,ICTが社会インフラとして機能するため,その普及や効果に地域差が生じる要因をさまざまな空間スケールから解明することの必要性を示唆している。今後,医療,福祉,保健に関わる施設による情報共有がより一層進むものと予想される。こうした動向についても,空間スケールごとにシビック・パワーを生み出す地域固有の因子を抽出する必要がある。加えて,医療情報ネットワークの普及に与える医療制度の影響も大きいことから,本章の結果を相対化するため,類似の制度を有する地域や国と比較検討する意義は大きい。

第5章　保険薬局の情報ネットワーク化にともなう水平的協業化

1. はじめに

　本章では，地方の医薬品小売業（以下，保険薬局）が共同で同一の情報ネットワークを導入し，参加薬局の医薬品在庫情報を共有することで，在庫削減を図ろうとする取り組みを取り上げて，ICTが保険薬局や薬剤師会といった主体間のコミュニケーションを円滑化するネットワーキング機能に注目した考察を行う。

　ここ数年，ICTの導入やネットワーク構築の低価格化が進んだために，企業規模にかかわらず情報化が進みつつある。インターネットが普及した今日，中小の企業や組織が自由に連携して共同事業を行う可能性が高まっているといえよう。また，ICTは定型情報の授受にかかわる業務を効率化するとともに，さまざまな企業や組織を結び付けて，参加主体相互のコミュニケーションを円滑にするという，いわゆるネットワーキング機能を備えている。このような情報ネットワークは，不定期に発生する非定型情報を双方向で交換することを可能にする。情報ネットワークが導入された水平的な組織に共通する特徴は，①参加主体間に情報が共有されており，②明確な権限関係がなく，③参加主体の自律性が尊重されていることである。そうしたネットワーク組織では，参加した諸主体の共通課題を解決するための協業と各主体の自律的な活動とを両立させることが重要となる。このような協業と自律との両立のためには，何がしかの仕組みと論理が必要となるであろう。そこで，本来競争相手である主体同士が自律的な活動を行いながら，共通課題を解決するためにネットワークを形成することを，ここでは水平的協業と呼ぶことにしよう。

さて，本章が対象とする医薬品流通は，国民皆保険のもとで提供される医療サービスの一部であるため，公共性の高い分野である。したがって，医薬品を扱う業者は他の流通分野にはみられない厳格な条件に対処する必要がある。特に，医療用医薬品は多品種かつ需要予測が困難なうえに，医薬分業にともなって分散化した患者のニーズに迅速に対応する必要がある。こうした医療用医薬品の商品特性が要請する配送条件のために，保険薬局は多頻度小口配送を医薬品卸に要求することになるが，医薬品卸にとってみれば，採算性が確保できず対応に苦慮するところとなる。そのため，需要の分散化にともなって増える各薬局の在庫をいかに抑制するかが大きな課題になっている。この問題に対し，同一の業種に属する複数の小売企業が情報ネットワークを活用して，参加者の在庫状況を共有し，在庫の軽減を図る水平的協業化の事例が出現している。このようなかたちで企業間に導入される情報ネットワークは，コストを削減しつつ顧客の利便性の向上を図るという点で，大企業が進めてきた情報ネットワークと共通しているが，主体間に権限関係がなく，互酬の考えに基づいて運営されている点が水平的協業の特徴なのである。

　このようにして，利便性の向上と主体間のコミュニケーションの円滑化を目指して，水平協業的な情報ネットワークが構築されるが，その一方で，ネットワーク組織に参加する企業は自社の経営情報を積極的に開示する必要があることから，ネットワーク上で流れる情報が流用されたり改ざんされたりしないようにすることが要請される。このことは，情報ネットワークに対する信頼性の確保が，協業化の前提条件になることを意味する。この課題を解決するために，情報ネットワークのセキュリティや参加主体間の人的信頼の確保に向けて，薬剤師会やシステム開発会社，主導的な立場にある保険薬局が仲介の役割を果たすことが不可欠である。水平的協業化の中心的役割を担ったこれらの企業や組織を仲介者と呼称するならば，これら仲介者による水平的協業化への取り組みを検討することで，多様な主体が参加する新たなネットワークの問題点や課題，そして可能性を明らかにすることができる。

　本章では，水平的協業化への取り組みを推進する保険薬局のネットワーク組織を事例として，情報ネットワーク化にともなう水平的協業化の実態を解

明することを目的とする。特に①仲介者が情報ネットワークの信頼性を確保する方策と、②保険薬局がネットワーク組織に参加する論理に注目する。

以下次節では、まず、医薬品業界の環境変化を俯瞰し、保険薬局における水平的協業化の誘因を検討する。第3節では、保険薬局の水平的協業化の事例における特徴を述べる。第4節では、水平的協業化が展開された経緯を検証して、協業化成立の鍵となる役割を担う仲介者に注目する。同時に、水平的協業化の効果と課題を指摘する。

2. 医薬品業界の動向と水平的協業化の誘因

医薬品には、①医療機関向けの医療用医薬品、②薬局・薬店を通じて販売される一般用医薬品、③「富山の置き薬」等のその他の流通経路で販売される医薬品の3タイプがあり、それぞれの取引形態が異なる。市場規模は全体で6兆6239億円（2016年）にのぼり、医療用医薬品が全体の89%を占める（厚生労働省、薬事工業生産動態統計）。一般用医薬品の価格は市場原理で決定されるが、医療用医薬品の価格は薬事法に定められた薬価基準[1]に基づいており、販売も薬局および医薬品販売業者に限定される。これまで、医療機関は薬価基準よりかなり安い価格で薬品を購入することによって薬価差益を生み出し、経営の柱としてきた。しかし、1992年に価格体系が見直され、薬価基準が徐々に引き下げられたことで、薬価差益による収益が見込めなくなり、医療機関のなかには院外処方に切り替え始めるものがみられるようになった。

加えて、医薬分業政策の強化が、医療機関から保険薬局へという調剤機能の移行を加速させた。その結果、保険薬局の潜在市場規模は急速に拡大し、広域商圏からの患者に広く対応する責務を負うことになった。そのため、保険薬局の取扱いアイテム数は増加する一方、需要予測が難しくなり、在庫管理が大変複雑になっている。他方、保険薬局は病院や診療所に比べて在庫スペースが限られるため、高頻度の小ロット発注を取引先に要求しようとする傾向がある。また、医療用医薬品は生命に関連する公共性の高い商品である

表5-1 在庫不足医薬品の入手方法の推移（複数回答）

単位（%）

在庫不足医薬品の入手方法	2000年	2001年	2002年
卸からの緊急取り寄せ	67.5	74.2	79.8
本店または支店から入手	19.9	25.8	30.1
会営備蓄センター，会営薬局から入手	40.4	35.4	34.7
近くの薬局から入手	53.6	57.8	57.5
近くの基幹薬局から入手	9.0	7.6	6.4
卸の分割販売を利用	22.3	27.8	29.2
無回答	—	—	0.9

注：分割販売とは，医薬品を開封することによって，販売単位を箱よりも小さい単位に小分けして販売することを指す。
資料：株式会社じほう「第9～11回保険薬局調査」より作成。

ため，欠品が許されず，緊急時にも短時間での対応が求められ（三村，2003），時間の制約がきわめて大きい。しかしながら，緊急の発注と多頻度の納品は物流コストの上昇につながるため，医薬品卸もこの新たな物流サービスになかなか対応できないでいる。在庫不足の医薬品の入手方法（表5-1）をみても，「卸からの緊急取り寄せ」が約8割と多く，その割合も年々上昇している。次いで「近くの薬局から入手」（57.5%），「会営備蓄センター等から入手」（34.7%）となっており，地域備蓄センターや近隣の同業種の薬局との連携が，医薬品在庫の適正化のために重視されている。

　このように，医療用医薬品特有の商品特性と流通環境の急激な変化がもたらす厳しい配送条件は，ICTを活用した在庫管理の効率化を不可欠にしている。しかし，個人経営の保険薬局は小規模のものが多く，単独での情報化投資は困難である。これら保険薬局にとっては，同じ情報ネットワークを共有することによってシステムコストを分担すること，すなわち水平的協業化が必要となってきている。また，同じ情報ネットワークの利用者が増えれば増えるほど利用者の便益が高まるといういわゆる「連結の経済」が働くことも，水平的協業化の誘因として働く。ただし，小分けされた医薬品を配送するために，情報ネットワーク内では参加薬局の在庫情報が共有されることになるので，情報ネットワークに対する信頼性をどのように維持するかという課題が残る。すなわち，導入される情報ネットワークの安全性が確保されている

第5章　保険薬局の情報ネットワーク化にともなう水平的協業化

ことが，参加薬局が積極的に自社の在庫情報を情報ネットワーク上に流したり他者の情報を信頼したりする条件となる。この最後の条件をクリアするうえで，水平的協業化の主導的な立場にあった仲介者は，情報システムのセキュリティを保証する役割を担っている。

　以下では医療用医薬品を主に扱う小売業である保険薬局を対象として，水平的協業化の実態を明らかにする。特に水平的協業化における仲介者が必要な条件をクリアする方策に注目することで，新たなタイプの協業における特徴を把握したい。

3. 保険薬局の水平的協業化の事例

　本章で取り上げる水平的協業化の事例は，長野県小諸市とその近郊に展開するK薬剤師会とソフトウェア開発会社のZ社（本社上田市，従業員36人）によって構築された，各薬局のパソコンをネットワーク接続し，オンライン上で在庫管理を行うシステム（以下，バーチャル備蓄センターシステムと記す），およびP薬局（本社仙台市，従業員4人）が宮城県南部地域の同業者同士の情報交換や医薬品融通を目的として構築したローカルネットワークである（表5-2）。

　最初に取り上げる事例では，K薬剤師会とシステム開発会社Z社が仲介者となって，1999年に情報ネットワークを構築した。K薬剤師会は長野県薬剤師会の下部組織で，長野県小諸市内と周辺に39軒の薬局会員を有している。情報システムの開発を担当したZ社は1986年，長野県上田市で創業し，さまざまなビジネスパッケージを開発してきた企業である。2003年現在のZ社の業務内容は，パッケージソフト開発，マルチメディア関連，デジタルアニメーション制作，オーダーソフト開発などである。しかしながら，このネットワークは2002年3月に運用を停止した。この理由については，第4節で論じることにするが，本節ではむしろ水平的協業化が構築されたという事実を先駆的取り組みとして評価し，協業化が構築されてきた経緯に注目したい。

表5-2 保険薬局の水平的協業化の事例における特徴

	Z社とK薬剤師会	P薬局のローカルネットワーク
参加薬局数	23社	14社
システム構築時期	1999年8月	2001年4月
仲介者	K薬剤師会	P薬局
情報システム構築の方策	・情報共有による医薬品関連情報へのアクセス ・ソフトウェア業者Z社によるシステムソフト開発	・メーリングリストを利用した安価なシステム
配送システムの特徴	・小分け配送による適正在庫の保持 ・薬局同士の薬品融通による過剰在庫の削減 ・薬剤師会会員による配送	・薬局同士の薬品融通による過剰在庫の削減 ・医薬品卸による配送サービス

資料：聞取り調査より作成。

次に取り上げる事例では，保険薬局のP薬局が2001年，インターネット環境を利用しながら近隣の保険薬局と在庫を削減した水平的協業化の事例である。P薬局は宮城県仙台市に本社を置く独立経営の保険薬局である。当該薬局は宮城県内26病院からの処方箋を受け付けているが，近隣に立地する病院からの処方箋が最も多くなっている。当該薬局の備蓄医薬品は700～800品目で，協業化にともなう他の薬局への医薬品の販売額は年間2万円程度となっている。

両事例の参加主体は6～8市町村にまたがって分布しており，その地域的スケールはほぼ同じであるが，ネットワーク組織の質的内容と参加する主体間の関係には違いがみられる。

以下，それぞれの事例における共通目標，参加主体とその地域的分布，協業化の構築時期，情報システム，配送システムを概観する。

3-1. Z社とK薬剤師会のバーチャル備蓄センターシステム

まず，本事例における水平的協業化の共通目標は，小分けに対応したシステムを構築し，個別薬局の在庫負担を軽減することであった。当該システムでは，Z社が情報システムの開発主体となり，1999年に通商産業省による

第5章　保険薬局の情報ネットワーク化にともなう水平的協業化

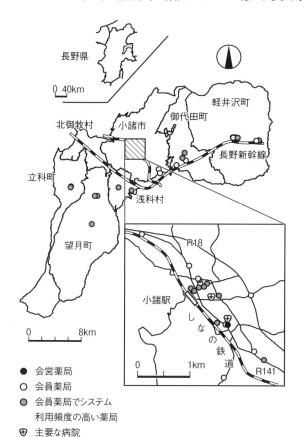

図5-1　K薬剤師会会員薬局分布
資料：K薬剤師会ウェブサイトより作成。

先進的情報システム開発実証事業の補助を受けて，システム運用に至った。実証実験では，Z社がK薬剤師会員の23薬局からダイヤルアップ接続できるネットワーク環境を整備して実験を行った。K薬剤師会会員のなかで，その23薬局はシステム利用頻度の高い薬局である。

　K薬剤師会の会員薬局の分布を図5-1に示す。会員薬局は小諸市に多く分布しているが，軽井沢町，御代田町，浅科村（現・佐久市），立科町，望月町（現・佐久市）の周辺町村にも数軒が分布している。実証実験に参加した

91

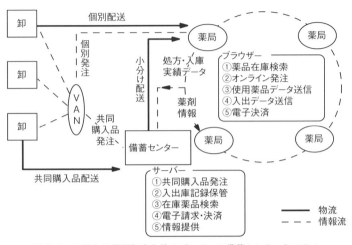

図5-2　Z社とK薬剤師会主体のバーチャル備蓄センターシステム
資料：Z社資料により作成。

23薬局もまた小諸市中心部に多いが，上記の周辺町村にも分布している。会営薬局[2]は小諸市中心部にあり，K薬剤師会の本部も併設されている。従来の薬局は特定の病院に隣接して立地し，その処方箋を受け付けることが多かった。しかし，図4-1の薬局分布をみると，処方箋の発行枚数が多い地域中核病院に隣接する薬局のほかに，駅前や道路沿いにも薬局が多数立地している。このように，ネットワーク組織に参加している薬局は複数の市町村に分散しているため，医薬品を融通しあうことによって想定外の処方箋を持ち込む患者に対応できることのメリットは大きいと考えられる。

　ここで，バーチャル備蓄センターシステムの内容を概説する（図5-2）。バーチャル備蓄センターシステムは，エクストラネット[3]による広域通信網を構築して店舗間を接続している。医薬品の入庫や使用量情報を共有することで，個別薬局の在庫負担を軽減し，合理的な在庫管理を可能にする。また，JANコード対応のバーコードリーダによって，会営薬局がまとめて発注する共同購入医薬品と薬局が医薬品卸に個別に発注する医薬品とに区別できる。したがって，需要予測が困難なために小分けされた医薬品を必要とされる場合，前者の発注方式で仕入れることで，過剰在庫を削減することができる。

会員薬局からの発注はオンライン化されているため，医薬品の発注単位は箱単位だけでなく，錠・剤といった小ロット単位でも取引可能である。会営薬局に在庫がない場合，ネットワーク上の全薬局の在庫を検索することができる。またレセプトソフトによって，取引にともなう納品・請求・口座引き落とし等のすべての経理処理は電子決済され，取引のあった薬局同士がつねに確認できる。備蓄センターに発注した医薬品は，発注方式にかかわらず会員薬局の入庫情報として書き込まれる。したがって，会営薬局は全薬局の入庫，調剤実績，在庫データを把握しており，これをもとに期限切れ薬品，適正在庫，支払予定等の経営指導の情報も提供できる。また，緊急情報を告知する機能も装備している。

　バーチャル備蓄センターシステムと連動する配送は，薬剤師以外の従業員が，1日1回の定期配送を行う方式である。備蓄センターは会員薬局が多く立地する小諸市の中心部に位置するため，配送に要する総時間距離のうえでは効率的な立地にあると考えられる。しかし，配送業務専業の担当者を置くことができないうえに，極端な多頻度小口配送は配送コストの著しい上昇をもたらすため，納入先の薬局による緊急配送の要請に対応できないのが現状である。そのため，想定外の患者が在庫にない医薬品の処方箋を持ち込んだ場合，薬局の従業員が会営薬局まで直接受け取りに行く必要がある。このように，当該システムでは受発注システムと配送システムがうまく連携していないことが問題点であるといえよう。

　バーチャル備蓄センターシステム導入は以下のような効果をもたらしたと考えられる。まず，薬剤師会による共同購入品の仕入価格が低減し，薬局での過剰在庫が解消された。また，各保険薬局の在庫状況がインターネットで検索できるようになり，在庫をもたない医薬品についても，卸から仕入れずに，在庫をもつ他の保険薬局から調達できるようになった。加えて，医薬品に関連した業務情報を共有することで，薬局はこれらの情報につねにアクセスすることができるようになった。

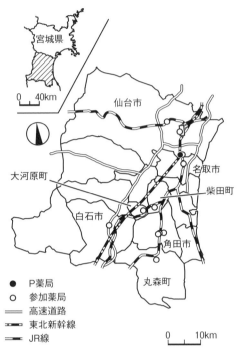

図 5-3 P 薬局によるメーリングリスト参加薬局分布
注：他に蔵王町に 1 社，八戸市に 1 社存在するが図示していない。
資料：聞取り調査より作成。

3-2. P 薬局主導のローカルネットワーク

　P 薬局が主導するシステムは，地域の同業者同士の情報交換や医薬品融通を目的として構築されたローカルネットワークである。配送システムは新たに導入されず，情報システムも既存のインターネット環境を利用した安価なものである。具体的には，P 薬局の経営者が，メーリングリストを運用し，箱単位で購入した医薬品を錠や剤の単位で小分けして販売するという，いわゆる分割販売に役立てている。会員薬局数は宮城県南部の 14 薬局である（図 5-3）。仙台市に P 薬局があり，宮城県南部に P 薬局と同業態の独立経営の保険薬局が分散的に立地している。したがって，想定外の処方箋を持ち込

む患者に対して，協業化による医薬品融通が有効な手段となる。14薬局の経営者は，P薬局の経営者が薬剤師会で面識のあった同業者である。

　メーリングリストの利点は，サーバーに登録すれば，既存のパソコンでもメールでの情報交換が可能になる点である。当該メーリングリストは2001年4月11日に開設され，2003年7月現在で累計300件のメールが配信されている。2001年5月16日，テキスト形式のエクセルデータを貼り付けた不良在庫の一覧が初めて公開された。その後，不良在庫を抱える薬局は，メーリングリスト上で不良在庫を公開するようになった。掲載内容は，薬品名，使用期限，錠数，掛け率である。また，分割販売を希望する薬局は，メーリングリストで医薬品名と数量を指定して発注することもできる。もし，公開された不良在庫のなかで購入したい医薬品があれば，その旨を情報発信元の薬局に返信する。薬局間で契約が成立すると，受注した薬局は医薬品卸に無償で転送を依頼する。受注日の翌日（早ければ当日のうち）には発注した医薬品が配送される。

　このシステムが立ち上がったあと，患者が持ち込む処方箋に指定された医薬品の在庫がない場合には，医薬品卸に発注するという従来からの方法に加えて，メーリングリストに登録している近隣薬局に発注するという選択肢が増えた。また，受注する薬局は不良在庫を削減する手段としてネットワークを活用できる。さらに，医薬品に関する情報を共有し，交換することができるため，非定型情報のコミュニケーション手段としても利用可能である。ネットワークに参加する薬局は，医薬品の品質保持の点から，P薬局と信頼関係をもつ薬局に限定しているという。

4. 仲介者の役割と参加薬局の協業化の論理

　さて，ネットワーク組織に導入される情報ネットワークの信頼性を確保するうえで，仲介者が重要な役割を果たしていると考えられる。この点に関して，上記の両事例を比較することで協業化の維持可能性を検討してみたい。本節では，仲介者が信頼性を確保する方策，保険薬局がネットワーク組織に

参加する論理，協業化を維持するための課題の3点を取り上げてみよう。

4-1. 仲介者による信頼性の確保

まず，バーチャル備蓄センターシステムの仲介者はK薬剤師会とZ社である。仲介者が信頼性を確保する方策として，①K薬剤師会が設立した協同組合による分割販売に対する支援，②システム開発の専業者であるZ社による情報システムの構築，および③両者が連携しての実証実験によるシステムの有効性，安全性の検証が挙げられる。

こうした協業化が構想された経緯は，以下の通りである。本事例の対象地域である長野県小諸市とその近郊では，1970年ごろから医薬分業への意欲的な取り組みが行われてきた。また，薬局にも当初からオフィス・コンピュータの導入が進んでいた。さらに，1990年から本格的に医薬分業が推進された結果，院外処方箋の受け皿としての保険薬局へのニーズが高まった。それにともなって，地域の保険薬局の経営基盤を強化するための共同購入，および適正在庫の仕組みが必要になった。しかし，社団法人運営の薬剤師会がこれらの営利的業務を展開するには制度上の制約が大きかった。そこで，K薬剤師会は1992年に全国初の保険薬局の事業協同組合を結成し，①備蓄在庫の共同購入，②分割販売，配送，事務処理を行う備蓄センターの経営，③保険薬局のOA化や調剤機器の斡旋業務等の支援事業，④薬剤師会会営薬局の運営にともなう営利的業務を実施した。このようにすでに，相互扶助を原則とする協同組合が設立されていたため，会員薬局の協業化に対する意識は高かった。しかし，薬価差益の解消政策の進展により個々の薬局の採算は悪化する傾向にあり，一層の在庫圧縮のための情報システムが必要になった。

一方，システムの開発主体となったZ社は，保険薬局の業務内容や今後の課題を熟知していたことから，Z社は協同組合の設立以前から，薬剤師の要望を受けて高価なレセコン[4]に代わる安価なレセプト管理ソフトを開発していた。また，Z社は保険薬局の課題を把握し，それに対する事業展開を計画していた。このようなシステム開発の実績があるZ社に対して，システム開発に意欲的な事業協同組合員が，個別薬局の在庫負担を軽減するため，

分割販売に対応したバーチャル備蓄センターシステムの開発を依頼した。このようにして，ネットワークの構築に当たっては，K薬剤師会がシステム開発の支援を受けるかたちでZ社と連携することで，高度な情報ネットワークを導入することができた。情報ネットワーク構築の専門的知識をもった専門業者との連携によって，情報システムの安全性が担保されたため，保険薬局は安心してネットワーク組織に参加することができたといえよう。

　さらに，このシステムの有効性と安全性が実証実験で検証されたことも，協業化を進めるうえで重要であった。そもそも，実証実験は経済産業省の補助を受けて実施され，システム整備にかかわる金銭的コストの負担はなかったため，保険薬局にとって参加しやすい環境が整っていた。加えて，保険薬局が日常業務で有効性や安全性を検証しながらシステムの改良がなされたことが，情報システムに対する信頼性の向上に寄与した。

　次に，宮城県におけるローカルネットワークの仲介者は，P薬局である。この事例の特徴としては，P薬局と参加薬局との人的信頼，およびP薬局が構築した情報システムの低価格性かつ高い安全性が挙げられる。ネットワークを構築する以前，P薬局は想定外の患者からの処方箋に対応したり，包装単位が大きい医薬品の在庫を減らしたりするため，医薬品卸や会営備蓄センター[5]が提供する分割販売を利用していた。しかしこれらの分割販売の利用は手数料を要するため，薬局自身の利益率は低かった。そこでP薬局の経営者は，薬剤師会で交友関係にあった同業者と情報ネットワークを利用した医薬品融通の仕組みを新たに構築した。これらの薬局は互いに独立して経営を営む主体であって，薬局間の関係は経営者の個人的な友人関係に依存したものである。人的信頼に基づく薬局間のみで医薬品融通を行う理由は，箱詰めされている医薬品を開封して小分けにする作業の際に，それらの製品情報を正確にトレースできずに品質を損なうリスクが存在するためである。しかし，協業化以前から存在した主体間の信頼関係が，リスクに対する抵抗感を低め，安心してネットワーク組織に参加することを可能にした。

　またP薬局がネットワーク化を図るときに，セキュリティを確保しつつコストを抑えるためにできる限り既存の情報インフラを活用するように配慮

したことも，薬局がネットワーク組織に容易に参加できた要因の一つとなっている。協業化に必要な情報インフラは，パソコンなどの通信機器類とネットワーク接続環境のみであり，情報ネットワークの導入時の固定費用やその後の維持費用はほとんどかからない。このように，水平的協業化にかける資金負担がほとんどないことが，その取り組みが継続している理由の一つであると考えられる。

　以上のように，水平的協業化にともなって共有される経営情報や医薬品の小分け配送は，導入される情報ネットワークに対する信頼性の担保を要求した。この課題に対して，仲介者が情報ネットワークの構築に際してシステムに対する安全性をさまざまな方法で確保することで信頼性を高めたのである。

4-2. 保険薬局がネットワーク組織に参加する論理

　では，参加主体である保険薬局は，いかなる論理でネットワーク組織に参加しているのであろうか。

　保険薬局が水平的協業化に期待するのは，①情報ネットワークを導入することによる効果と，②情報ネットワーク化にともなって形成される，水平的協業化による効果の二つである。

　まず，情報ネットワークを導入することによって，医療用医薬品の商品特性から要請される厳格な時間の制約のなかで，柔軟な在庫管理が可能となる。近年の不安定な需要に対応するため，保険薬局は想定される最大販売量にあわせて在庫するための費用を自己負担してでも販売機会を確保したい。そのために，互いの在庫を融通することで，1薬局あたりの在庫コストの負担を軽減することのメリットが大きい。そのメリットを享受するためには，他社の在庫をいつでも確認し受発注できるようにするための情報ネットワークが不可欠であった。こうしたICTがもつ注目すべき特性は，組織や個人の間を自律的に結び付けるネットワーキング機能である。このネットワーキング機能は地理的に分散した在庫に関する情報を，参加薬局が居ながらにしてアクセスすることを可能にした。ネットワーク組織に参加する薬局間の関係には互酬の論理が働いており，自社の経営情報を積極的に開示し，参加薬局の

総在庫量を減らすことで相互の価値を高めている。ただし，仲介者は経営に関わる業務のうち，緊急を要する情報など商流の一部は共有するものの，個々の薬局の経営に関する権限は各企業に委ねているため，参加者の経営上の自律性は確保されている。

　水平的協業化によって，配送体制への効果も期待される。情報ネットワーク化による水平的協業化がその効果を発揮するためには，配送の効率化がともなっていなければならない。しかも，顧客ニーズを満たすために低回転品目の在庫も確保する必要がある。配送業務の効率化は保険薬局にとっての共通課題となるため，共同配送を実施することによって配送コストを削減しようとするインセンティブが働く。しかしながら，医療用医薬品は原価に占める配送コスト比率が低いことに加えて，高品質性，緊急配送性という商品特性をもつため，時間距離の短縮が配送コストの抑制よりも優先され，配送圏は縮小する。そのため，小さな配送圏に納まる保険薬局が一体となって商品の共同購入や融通の仕組みを整備すれば，取引額の小さい保険薬局への小分け配送への対応が可能である。ただ，極端な多頻度小口配送は配送コストの上昇をもたらすため，定期配送を原則とすることで配送頻度を抑えたり，無償サービスとしての医薬品卸への配送委託や，協業化の構成員からの配送員の捻出によって，配送手段を確保したりしている。一方で，突然の需要発生にともなう緊急配送の要請に対して，有効な手段がないのが実情である。

4-3. 水平的協業化の維持への課題

　最後に，協業化の維持可能性について言及したい。ネットワーク組織に導入される情報ネットワークは当然，利用を継続するためにメンテナンスを必要とするが，水平的協業化の中心的役割を担った仲介者が何らかの理由でその業務を怠った場合，水平的協業化が維持されなくなる。現にZ社とK薬剤師会によるバーチャル備蓄センターシステムは2002年3月に運用を停止した。

　その理由は，①新しいOS（基本ソフト）が既存のアプリケーションソフトに対応していなかったために，メンテナンス作業が停止したこと，さらに

②新しいOSに対応したアプリケーションソフト購入のための資金が不足したことである。

　経緯を概略すると，Z社は地域の薬剤師会の要望に応えるため，K薬剤師会と実証実験を重ねてシステムを構築した。しかし近年，規制緩和の動向とも相まって，医薬品卸が分割販売機能をもつようになった。そこで，Z社は医薬品卸が導入可能なより汎用性の高いシステムを開発するに至った。その反面，K薬剤師会向けのアプリケーションソフトは，新しいOSに対応していなかったため，バージョンアップの必要があった。そこで，K薬剤師会はZ社にメンテナンスを申し入れた。しかしながら，この要望をZ社は受け入れず，参加薬局がOSを更新するにつれて，バーチャル備蓄センターシステムは機能しなくなった。したがって，Z社にとって，K薬剤師会向けに開発されたアプリケーションソフトは，より上位のシステムを構築するための試験運用段階に過ぎなかったともいえる。そこに，Z社の営業戦略の転換が窺える。このようにして，K薬剤師会とZ社との連携が運用段階でなくなり，水平的協業化はその機能を失った。

　しかし，協業化の維持が困難になった理由はそれだけではない。K薬剤師会の会員薬局も水平的協業化の維持を困難にする要因を抱えていた。その要因とは，協業化以前からの情報リテラシーの限界，運用段階における資金負担の重さである。システムがその有効性を発揮するには，ほぼ全薬局が参加する必要がある。しかし実証実験の段階から，高齢の経営者はシステムを操作できないため参加するに至らず，協業化に参加した薬局はシステムが操作できる薬局に限定されていた。このことは，ネットワーク組織への参加が自由であるという参加主体にとってのメリットが，参加数が少なかったときにシステムの有効性を低下させるというデメリットにもなりうることを示唆する。また運用段階では，情報システムのランニングコストが参加薬局の負担となった。これらのシステム更新，維持に要する資金は，月々のユーザー会費から捻出されていたものの，会員薬局にとって，その資金負担は大きかった。そのため，Z社によって新たに開発された新しいOSに対応した卸向けのアプリケーションソフトを購入するための資金も不足していたと考えられ

る。

　一方，P薬局主導のネットワークの事例では，水平的協業化を実現してから現在まで順調に運用が継続されている。その理由は，情報ネットワークのセキュリティが保証されていることに加えて，既存の情報機器とインターネット接続環境をもとにした安価な情報ネットワークが利用されているためである。こうした特徴をもった情報ネットワークの場合，たとえ情報ネットワークを活用した在庫削減が積極的に行われなかったとしても，P薬局を含めた参加薬局は，追加のコスト負担をする必要がないため，情報ネットワークは維持され続ける。参加薬局がシステムコストを負担する必要がない以上，コスト分担するためにネットワーク組織に参加させる薬局数を増やす必要もない。このように，水平的協業化の構築当初から情報ネットワークが安価に抑えられていれば，その維持も比較的容易であるといえる。

5．小括

　近年の医薬品流通をめぐる環境の急激な変化によって，小規模の保険薬局は在庫コストを削減しながら，想定外の患者が訪れることによる需要の不安定性の増大に対応する必要が生じた。この課題に対し，情報ネットワーク化は保険薬局間のコミュニケーションを円滑化し，在庫情報を共有することで，需給調整による経営の合理化を実現した。このネットワーク組織の特徴は，本章で水平的協業と定義したように，情報ネットワークが参加主体の共通課題を解決するための協業と自律的な活動との両立を可能にしている点である。

　一方では，協業化を成立させるため，仲介者がシステムの有効性や安全性を検証したり，参加薬局間の人的信頼に基づいて協業化したりすることによって，システムに対する安心感が生み出され，情報ネットワークの信頼性が高められる。このような仲介者による工夫によって，薬局間の経済的な競争関係を超えた協業化が可能になった。信頼性が確保されたネットワーク組織の参加薬局間には互酬の論理が働き，参加薬局の在庫情報が互助的に利用されている。他方，薬局間には権限関係がなく，協業化にコミットする度合

いも各薬局の判断に委ねられており，独立経営主体としての自律的な活動が維持されている。

　しかしながら，水平的協業化の実現にともなって発生する新たな問題点も明らかになった。その最大の課題は，小分け配送を効率化するための配送手段の確保や，多頻度小ロット配送によって増大する配送コストの低減を図る方策である。また，一度実現をみた水平的協業化が維持されるか否かは，仲介者が導入した情報システムのメンテナンスの巧拙が影響することを指摘できる。

　ただ，本章で扱った水平的協業化では，主体間のコミュニケーションを可能にする情報ネットワーク化が，参加主体の経済的な競争関係を超えて，相互扶助の考えに基づいた連携を促した点で意義深い。なぜなら，情報ネットワーク化は流通システムが未整備だった分野において，適正在庫を保持する仕組みを構築することで，保険薬局の独立性を確保しつつ公益性を保持することを可能にしたからである。したがって，これらの取り組みは，患者が薬局を自由選択する権利を得ることにつながり，ひいては地域医療の質の向上に寄与するものといえよう。

　なお，本章は水平的協業化における仲介者の取り組みを中心に検討したため，参加小売業者の経営実態の検証は不十分であった。これについては，顧客の利便性を損なわずに採算性を維持しうる参加主体の適正規模や分布を明らかにするうえで必要不可欠であろう。

第6章　医薬品卸によるICTを活用した医薬品流通システムの構築過程

1. はじめに

　ICTの構築やネットワーク技術の低価格化が進み，社会インフラとしてのICTの活用が期待されている。しかし，民間企業によるインフラ整備を盛り込んだ都市計画の多くは，合理性や公共財といった考えよりも，生産者のニーズや消費者の欲求を優先している（Graham, 2000）。通信インフラも例外ではなく，都市全体のアクセスの公平性よりも，特定の地域にとって最適なネットワークインフラになる傾向が強まっているといえよう。こうした特定の地域においてICTが導入されるメカニズムを解明することが，社会インフラとしてのICTの役割を検討するうえで必要である。

　中間段階の需給接合機能がとりわけ重要な役割を果たす分野として，等しく住民に供給される必要がある医薬品の流通があげられる。医薬品卸売業による受発注業務のオンライン化が，商流と物流の分離を通じた流通コストの削減と必要な医薬品の供給を行うための手段の一つとなった。発注業務に関しては，業界VANによるオンライン化が進んでおり地域差はみられないが，受注業務のオンライン化の程度には地域差がみられる。

　離島や中山間地域を含む条件不利地域では，医薬品卸の顧客からの受注オンライン化率はきわめて低い。これらの地域においては，需要が一様かつ小さいことに加えて，受療圏が狭く，薬局が人口密集地である中心市街地に集中しているため，需要予測が容易で配送コストが低い。このことから，ICTの利用による費用対効果が低く，ICTの活用が進んでいない（中村，2011）。一方，都市部においては，市場規模が大きく，ICTを活用して新たな流通システムを構築する事例がみられる。

ただし，都市部における医薬品の流通システムの整備にあたってクリアすべきボトルネックが2点存在する。第一に，病院や薬局の立地条件や交通条件によって受療圏が広くなる場合，流通システムの整備が求められる範囲が広域にわたる。すべての患者に医薬品が欠品なく迅速に供給されるためには，患者の訪問が予想される範囲内の全薬局がICTの導入を進める必要がある。そこで，薬局を会員とする地域薬剤師会の仲介が，ICTの導入率を高めるうえで重要な役割を果たす。第二に，都市部は市場規模が大きく，需要予測が困難になる空間的範囲が広いため，ICTの導入には情報システムの開発を含めた多額の費用が必要になる。個々の薬局は経営規模が小さいものが多く，単独で情報化投資を行うにはコスト負担が大きい。そこで，医薬品卸による流通システムへの投資を通じた需給接合機能の発揮が求められる。大規模投資を行ってでも他社との差別化を図ることの戦略的意義を見出す医薬品卸の存在が必要となる。ICTを活用して新たな流通システムを構築した事例を検討するにあたって，上記のボトルネックがどのようにして解消されたかに注目する必要がある。

　医療に関する地理学の研究を俯瞰すると，医療を住民に均等に供給されるべき公共サービスの一つと位置付け，医療施設の空間的特性を明らかにした研究（大坪，2006；神谷，2002；林・新美，1998a；日暮，1994），全体的な効率かつ公平性を加味した医療施設の最適立地を求める研究（酒川，1980），患者の受療行動から医療サービスへのアクセシビリティを評価する研究（大坪，2008；関戸，1998；高橋・南，1981；武田，1993；関根，2003）に大別される。病院と診療所の自由開業が認められていることから，いずれの研究も，日本の医療システムが抱える問題点として，医療施設の地域的偏在と患者の医療アクセスにおける地域格差を指摘している。しかし，医療サービスの供給を補完する手段としてのICTを利用する経緯について空間的視点から検証した研究はみられない。

　本章が対象とする医薬品は需要変動が大きいにもかかわらず，生命に直結する商品であるため，代替が利かず，欠品も許容されない。そのため，多頻度かつ小ロットの配送が求められ，分散在庫が必要になる。医薬分業の進展

は，この在庫問題をより複雑なものにしている（三村，2003）。国が医薬分業を推進する実質的な目的は，調剤を外部の薬局にシフトさせることで，医薬品の過剰投与や国民医療費の高騰を抑制することである（早瀬，2003）。医薬分業が実施されると，患者は交付された処方箋をもって自由に薬局を選ぶことができるため，薬局にとって需要予測が難しくなり，在庫管理がきわめて複雑になる[1]（図6-1）。経営規模の小さい薬局は，在庫管理のコスト負担が大きいため，医薬品卸に短いリードタイムで多頻度かつ小ロットの納品を要求する。

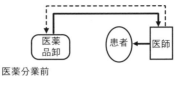
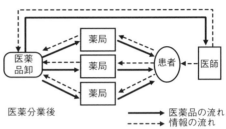

図6-1　医薬品と情報の流れの変化
資料：筆者作成。

　政府による薬価の引き下げによって，医療機関や薬局はさらに納入価格を抑えようとしている。そのため，医薬品卸にとって販売価格の引き下げが取引条件の優先事項となっている。すなわち，医薬品卸は大ロットかつ高回転の品目の物流効率化によるコストの削減と，非効率な小ロットかつ低回転の品目の充足という二律背反の課題を抱えているといえる。医薬品卸は採算性が低いにもかかわらず，特定の地域のニーズを考慮した医薬品の配送システムの維持が他の商品以上に要請されているのである（中村，2007）。

　そこで本章では，川崎市北部（多摩区，宮前区，麻生区，高津区）において，医薬分業が大病院で実施されるのにともない，ICTを活用して医薬品を安定供給できるシステムがどのように整備されたのかを明らかにする。特に，川崎市北部の薬剤師会がICTの導入をどのように仲介したのか，医薬品卸がどのようにICTを導入した流通システムを構築したのかに注目する。本章で対象地域とする川崎市北部は，医薬分業が大病院で実施されるにともなって，新たな医薬品流通システムが全国に先駆けて整備されており，ICT

の構築過程をとらえるには適している。調査方法は医薬品卸や川崎市薬剤師会（2007年4月～10月）への聞取り調査である。

以下，第2節において，対象地域の概要を整理する。第3節では，川崎市北部において，医薬分業が実施された経緯を検証し，第4節では，医薬品卸の役割と薬局や薬剤師会の対応，医薬品流通をめぐる大都市圏特有の環境から，新たな医薬品流通システムが構築に至った経緯を考察する。最後に，第5節では，本事例の知見を従来の地理学の成果との比較において評価する。

2. 対象地域の概要

川崎市は東京と横浜という巨大消費地に接しており，多摩川に沿って南北に細長い。川崎市南部（川崎区，幸区，中原区）は海に接する一方，川崎市北部は多摩丘陵や生田緑地などの豊かな緑に囲まれており，東京のベッドタウンとして急速に開発が進んだ。川崎市北部における2005年現在の人口は76.8万人であり，今後も人口増加が見込まれている（川崎市将来人口推計）にもかかわらず，人口に比して薬局，病院，入院病床などの医療資源が不足していることが課題となっている。

1995年度から2009年度にかけて，神奈川県の薬局数は2525施設から3392施設へと増加した。しかし，神奈川県における2009年度の10万人対薬局数は，37.5施設と全国平均（41.9施設）を下回っている。神奈川県内の二次医療圏別にみると，本章の対象地域である川崎市北部は29.3施設と県内で最も低い水準である。これらの数字は，長崎県の離島地域（37～52施設）と比べても低い。

また，神奈川県における人口10万人対の医師や医療施設，病床数についても総じて低く，なかでも川崎市北部は県内でもっとも低い水準である。たとえば，2010年の人口10万人対病院数は，2.2施設で，神奈川県（3.8施設）の6割弱，全国平均（6.8施設）の3分の1に満たない。また，人口10万人対病院病床数は609.0床であり，神奈川県（813.0床）の75%，全国平均（1351.2床）の半分に満たない。特に，川崎市北部のうち，多摩区と宮前

区には，それぞれ病院が3施設しか立地していない。そのなかで，聖マリアンナ医科大学病院（以下，聖マリアンナと略す）は宮前区に立地する大規模な病院（1208床）であり，川崎市北部における入院医療の中核を担っている。

神奈川県の処方箋受取率は1995年度の35.0%から2009年度の74.7%と，全国平均（21.6%から60.7%）をつねに上回って推移している（図6-2）。このことから，神奈川県は医薬分業の先進地域と位置付けられる。医薬分業の進展度を神奈川県の二次医療圏別にみると，処方箋の受取率には地域差がみられる（表6-1）。データを入手できた1997年度の値をみると，湘南東部（47.6%）や横須賀・三浦（43.6%）の各医療圏の受取率は高かった一方，横浜（37.0%）の受取率は相対的に低かった。対象地域である川崎の同値は，38.9%と県内では相対的に低いものの，全国平均以上の値を示した。いずれの医療圏においても，1996～1997年度にかけて受取率が増加しており，程度の差はあれ，医薬分業が着実に進展しつつあったとみてよい。

聖マリアンナは小田急小田原線と東急田園都市線のほぼ中間に位置してお

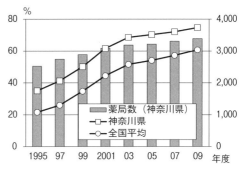

図 6-2　医薬分業の推移

資料：日本薬剤師会，厚生労働省『保健・衛生行政業務報告』より作成。

表 6-1　神奈川県の二次医療圏別処方箋受取率

二次医療圏	処方箋受取率	
	1996年度	1997年度
横浜	34.3%	37.5%
川崎	35.8%	38.9%
横須賀・三浦	36.3%	43.6%
湘南東部	43.6%	47.6%
湘南西部	34.0%	37.9%
県央	36.3%	39.6%
県北	35.0%	39.0%
県西	34.8%	38.7%
神奈川県	35.7%	39.5%

注：川崎および横浜は，それぞれ川崎北部・川崎南部および横浜北部・横浜西部・横浜南部の各二次医療圏に細分化されるが，圏別データが存在しないため，川崎市および横浜市のデータをもって充当した。

資料：厚生省医薬安全局より作成。

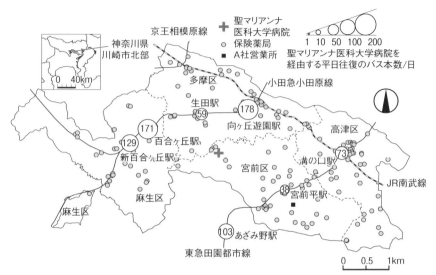

図6-3 鉄道駅と聖マリアンナ医科大学病院を往復するバス本数および薬局分布
資料：各区の薬剤師会ウェブサイト，バス会社時刻表より作成。

り，各線のいずれの駅からも離れている。患者が聖マリアンナにアクセスする場合，上記2路線の最寄駅からバスに乗ることが多い（図6-3）。聖マリアンナに停車するバスは，小田急小田原線の向ヶ丘遊園駅，生田駅，百合ヶ丘駅，新百合ヶ丘駅および東急田園都市線の宮前平駅，溝の口駅，あざみ野駅といった複数の駅を発地としている。2009年現在，川崎市北部には240施設の薬局が立地するが，患者の多くが聖マリアンナで受療後，小田急小田原線と東急田園都市線の複数の駅周辺に立地する薬局を利用している。薬剤師会へのヒアリングによると，新百合ヶ丘駅や百合ヶ丘駅前，宮前平駅前，バス路線沿いの薬局が，聖マリアンナからの処方箋を多く受け取っている。

　以上のことから，川崎市北部は大都市圏の一部で医療サービスに対する需要が大きいにもかかわらず，人口規模に対して薬局，病院，入院病床などの医療資源が不足しており，その多くを聖マリアンナに依存している。特に，高度医療を担う聖マリアンナの受療圏は川崎市北部と広いうえに医薬品の種類も多岐にわたる。そのため，医薬分業の開始当初，川崎市北部に立地する

薬局にとっては，在庫すべき医薬品の予想がつかずに苦慮することとなった。こうした問題は，医薬品の安定供給を目的とするICTの活用によって有効に対処できるボトルネックであった。

3. 医薬分業にともなう各アクターの対応

3-1. 聖マリアンナによる医薬分業の実施

　薬価差益が小さくなるにつれて，病院にとって医薬分業による，医薬品の煩雑な管理業務から解放されるメリットの方が大きくなる。こうしたメリットは，多くの処方箋を扱う規模の大きい病院ほど享受できる。聖マリアンナの医薬分業のきっかけとなったのは，同じ系列病院である聖マリアンナ医科大学東横病院（川崎市中原区）における医薬分業が，聖マリアンナの試験的事例として実施されたことである。しかし，同病院の病床数は138床と少なく，周辺の薬局に与える影響も小さい。一方，1000床を超える大規模な病院が医薬分業を実施する例は周辺部においてはみられなかった。

　聖マリアンナは29の診療科をはじめ，救命救急センターなどの高度な診療設備を備えており，1993年に高度先端医療に対応できる病院として特定機能病院の指定を受けた。ほかにも，特定集中管理室，無菌製剤処理，心疾患リハビリテーションといった設備を有し，高度な診断，治療が可能となっている。こうした状況において，聖マリアンナは1995年10月に全診療科において医薬分業を実施することを宣言した（表6-2）。1996年10月，聖マリアンナは眼科，耳鼻咽喉科，整形外科，皮膚科の四つの診療科から医薬分業を開始した。これら4科の院外処方箋に記載される医薬品は400〜500品目であった。さらに半年後の1997年3月，全診療科において院外処方箋が発行されるようになった。それにともなって，医薬品は約1200〜1300品目になった。2010年現在の同病院における院外処方箋発行枚数は1日あたり1450枚，院外処方箋発行率は90.7%に及ぶ。

　上記のように，聖マリアンナは複数の診療科を抱える大規模病院である。それゆえ，聖マリアンナの医薬分業は，以下の二つの点から川崎市北部の医

表 6-2 聖マリアンナ医科大学病院における医薬分業の経緯

年月	聖マリアンナ	4区薬剤師会	医薬品卸	
			A社	A社以外
1995年10月	医薬分業実施の宣言	1. ファクス分業 2. 聖マリアンナからの処方一覧表の受け取りと医薬品の備蓄 3. 医薬品卸への緊急配送の要請 →	1. 全品目の在庫 2. 当日,土曜日の在庫配送	金額ベースで上位4〜5品目
1996年4月		A社との非公式会合 ←	配送の新規モデルの提案	
1996年9月			1. ピッキング会社の設立 2. 薬局への携帯型発注端末の貸与	
1996年10月	4診療科の医薬分業 (400〜500品目)		バイク便による緊急配送	
1997年3月	全診療科の医薬分業 (1,200〜1,300品目)		備蓄車の巡回 (1997年3月〜4月)	

資料:聞取り調査より作成。

薬品流通に与える影響が大きい。第一に,外来患者の受療圏が広いため,広範囲の受療圏内に立地する薬局が医薬分業に備える必要があった。第二に,処方する医薬品の種類が多岐にわたる。当時,同地域で大規模な病院が処方箋を発行する事例はなかった。このことから,従来扱わなかった抗癌剤のような特殊な医薬品も,薬局が調剤しなければならない可能性が生じた。こうした多岐にわたる医薬品を用意するためには,きわめて複雑な在庫管理が薬局に要求される。

3-2. 薬局・薬剤師会の対応

規模の小さい薬局が規模の大きい病院の医薬分業に単独で対応するには,在庫品目数が増加するために在庫管理コストがかかりすぎる。聖マリアンナを受療した患者は,自宅との近接性から川崎市北部の薬局を利用する。聖マリアンナの受療圏を踏まえると,4区薬剤師会が医薬分業に対して協調する

必要があった。そこで，4区薬剤師会は会員薬局の利害を代表する利益団体として，薬局の共通課題であった適切な在庫管理を通じたコスト削減に努めた。

聖マリアンナの医薬分業の宣言から開始までの準備期間に，上記4区薬剤師会は，以下の三つの対応策を講じた。

第一に，病院の支払窓口において，患者が処方箋の受取先薬局に対して事前に医薬品情報をファクスで送信する，ファクス分業である[2]。ファクス分業の実施によって，患者の医薬品を受け取るまでの待ち時間が短縮される。また，ファクスを受け取った薬局は，処方内容を事前に確認することによって，投薬の重複や副作用を起こす可能性のある飲み合わせを防ぐことができる。

第二に，医薬分業以前に利用者の多かった薬局に，聖マリアンナでの処方回数の多い医薬品を備蓄しておくよう要請した。薬剤師会に加盟する会員薬局は，必要な医薬品が在庫にない場合，上記薬局から融通できるようにした。薬局が互いの在庫を融通することで，1薬局あたりの在庫管理コストの負担を軽減することができる。

第三に，4区薬剤師会は薬局の在庫管理コストを抑えるため，医薬品卸に対して特殊な医薬品についてもできる限りジャスト・イン・タイム調達を要請した。そして，4区薬剤師会は川崎市北部をテリトリーとする医薬品卸7社の担当者との会合を3回実施した。

そのうち6社は，聖マリアンナが処方する医薬品のうち，金額ベースで上位4〜5品目を営業所に在庫する対策を提案した。これに対して，A社は聖マリアンナが処方する医薬品の全品目を在庫することに加えて，当日や土曜日にも配送するという対策を提案した。A社の提案は，医薬品の種類にかかわらず，いかなる薬局に対しても当日配送を可能とするものであった。

4区薬剤師会は，配送体制の整備に対して最も好条件を提案したA社と非公式で追加の会合を複数回行った。両者の課題は，従来A社と取引のなかった薬局に対する当日配送体制の充実であった。

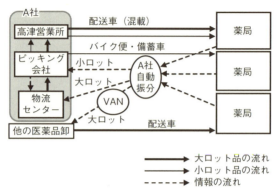

図6-4　薬局からの医薬品発注・配送システム
資料：A社ウェブサイトより作成。

3-3. A社によるICTの活用と配送システムの確立

　A社は4区薬剤師会の依頼を受けて，1996年4月，ICTの活用を前提とした配送体制の新たなモデルを構想し，会員薬局にもその内容を説明した。

　A社は1948年に東京都世田谷区に設立された医薬品卸売業者で，1990年代後半以降，積極的にICTを活用した医療機関や薬局の支援システムの開発に取り組んできた。A社のビジネスモデルの特徴は，ICTの自動振り分け機能を利用して，多数の分散立地する薬局からの受注情報をロットの大きさに応じてA社の物流センター，A社のピッキング会社，競合他社と切り替えられることにある（図6-4）。

　第一に，薬局が従来どおり，箱単位の大ロットで医薬品を発注する際，A社が自社開発した携帯型情報端末でバーコードを読み取り，納入価格を比較しながら発注先の医薬品卸を自由に選択できるようになった。医薬品の納入価格は従来どおり，個々の薬局と発注先の医薬品卸との価格交渉によって決まる。そのうちA社に発注された大ロット品の定期便は，高津営業所から午前7時と午後1時の1日2回設定されている。

　第二に，小ロットの医薬品については，薬局は同端末を通じてA社に発注し，ピッキング会社から配送される。ピッキング会社は容器を開封して，

顧客が必要とする量のみの医薬品を用意する。納入価格はピッキング作業にかかるコストを考慮して，薬局による値引きのない薬価に設定されている。小ロット品は上記の定期便に混載して配送される。薬局は在庫を抱えることなく，錠剤などは1シート単位，塗り薬や目薬などは1本単位から必要な医薬品を入手できることとなった。

A社は小ロットの医薬品の配送システムを確立するため，ピッキング会社を1996年9月に設立して，容器の開封作業と有効期限やロット番号などの情報管理を行うとともに，携帯型発注端末を川崎市北部の全薬局に貸与した。

薬局はICTを通じて，大ロット品は他社と比較しながら購入し，小ロット品はA社から短時間で入手できるようになった。こうして，ICTの導入によって流通拠点や薬局が集約化することなく，分散する薬局に必要な医薬品を短時間で供給することが可能になった。

医薬分業の開始直後，A社は医薬品を安定供給するため，ICTの構築とともに，追加コストをかけて，配送手段を通常よりも充実させた。小ロット品の配送手段は，①バイクによる緊急配送（1996年10月～），②2カ月間に限定した備蓄車による巡回（1997年3～4月）である[3]。

医薬分業前にA社と取引のあった薬局は5割程度であったが，医薬分業後に8～9割まで高まったという。現在，川崎市北部のほぼすべての薬局が，A社のICTと配送システムを利用できる。なかでも，川崎市麻生区にある新百合ヶ丘駅や百合ヶ丘駅前の薬局は，聖マリアンナが交付する処方箋を1月あたり約300枚扱っている。このことは，聖マリアンナを受療した患者が，その周辺に分散立地する薬局に訪問すれば，必要な医薬品にアクセスできるようになったことを示す。

4. 新たな医薬品流通システムの構築過程

4-1. 医薬品卸の経営戦略

本項では，ICTを活用した流通システムに大規模投資を行うことで他社との差別化を図った医薬品卸A社の経営戦略から，新たな医薬品流通システ

ムが構築に至った経緯を考察する。

　A社によると，1997年当時，川崎市北部における医薬品の販売実績において，大手2社が金額ベースで70%を占める寡占市場を形成していたという[4]。この売上高上位2社は，全国の売上高においても，それぞれ6437億円（首位），4525億円（2位）と，医薬品販売額の上位企業であった[5]。

　一方，A社の市場シェアは，上位2社と比べて小さかった。特に，医薬分業前の川崎市北部における同社の市場シェアは，上位2社には遠く及ばず約5%と小さく，聖マリアンナとの取引実績もなかった。当時，医薬品卸がシェアを拡大しようとした背景には，製薬企業から売上規模に比例するリベートの獲得など有利な仕入れ条件を確保する意図があった。しかし，同じ製薬企業の医薬品であれば品質に差はないため，医薬品卸がシェアを伸ばすには，価格訴求以外に有力な手段がなかった。一方，A社は本事例の取り組み以前から，市場シェアを高めるための経営戦略として，ICTを活用することによる付加価値の訴求を打ち出していた。ただ，具体的なビジネスモデルを確立するまでには至っていなかった。

　そこで，A社は本事例における医薬分業の取り組みを，情報システム導入の効果を検証する機会であるとともに，従来取引のなかった薬局との新たな取引開始の機会ととらえた。すなわち，A社は新たな取引先を獲得するための手段としてICTを用いることで，市場シェアを高めたといえる。したがって，A社にとって，配送システムを含むこの事業を支援するために必要な多額の投資費用は，市場シェアを拡大するための必要経費であったと考えられる[6]。川崎市北部は需要の大きい首都圏の一部に含まれるため，A社にとって市場シェアの向上を検証する実験的事業として格好の場であった。

　このように，ICTの導入に必要な情報システムの開発を含めた多額の費用が賄われた背景には，A社が他社との差別化のために流通システムへの大規模投資を行う戦略的意義を見出していたことを指摘できる。

4-2．ICTを活用した医薬品流通システム導入の地域的条件

　ICTの構築以前，川崎市北部の薬剤師会は独自に薬局の在庫融通を支援し

ていたが，支援の対象となる品目は聖マリアンナの処方回数の多い医薬品に限られ，低回転品目は支援の対象外であった。従来の医薬品卸による流通システムや薬剤師会による在庫融通の仕組みだけでは，すべての薬局の在庫管理コストを抑えるには不十分であった。こうした課題はICTの構築によって有効に対処できるボトルネックであったが，1990年代後半にICTの普及期を迎えたことから，高い費用対効果が期待できるようになった。

　ただし，すべての患者に医薬品が欠品なく迅速に供給されるためには，患者の訪問が予想される範囲内の全薬局がICTの導入を進める必要があった。そこで，薬剤師会によるA社との会合を通じた仲介が，薬局へのICTの導入率を高めるという，最後のボトルネックをクリアするうえで重要な役割を果たしたのである。

　薬剤師会による積極的な仲介を促した誘因として，医療サービスに対する需要が大きい，人口に比して薬局，病院，入院病床などの医療資源が不足している，医療資源の多くを聖マリアンナに依存している，といった川崎市北部に特有の医療環境があったことが指摘できる。

　川崎市北部は東京のベッドタウンとして，市場規模が大きい地域にあたる。また，高度医療を担う聖マリアンナの受療圏は川崎市北部と広く，同病院が処方する医薬品も多岐にわたるため，需要の現れ方は一様ではない。加えて，人口に比べて少ない薬局が川崎市北部に分散立地しているため，医薬分業の開始にあたって，薬局は在庫すべき医薬品の予想がつかずに苦慮することとなった。こうした大都市圏特有の医薬品の流通環境によって，川崎市北部に立地するすべての薬局がICTを一斉に導入しなければ，患者が必要な医薬品を即座に受け取れないリスクがあった。薬剤師会はそうしたリスクを回避するため，個々の薬局の利害を代表して，ICTの導入を間接的に支援したのである。このように，ICTを活用した医薬品流通システムが構築されるに至った背景には，医薬品卸や薬局・薬剤師会の対応と，その誘因となった都市圏の医薬品流通に特有の環境があったといえる。

5. 小括

　本章では，川崎市北部において，医薬分業が大病院で実施されるのにともない，ICT を活用した医薬品を安定供給できるシステムがどのように整備されたのかを明らかにした。本章の事例では，グラハムが指摘したように，特定の地域において，特定のニーズに最適なネットワークインフラが構築された。ICT と都市との関係を考察した研究は，ICT の技術的特性のみに注目して，ICT が地域によらず均一に導入されると想定する傾向がある。しかし，本章の調査事例において，医薬品の安定供給における ICT の機能は，病院や薬局の立地条件や地形条件，市場規模や需要分布といった都市圏の医薬品流通に特有の環境と，そうした環境の激変に共同で対処しようとする関係主体の行動によって，発揮されることが明らかになった。

　A 社は現在，ICT を薬局の在庫管理を支援するシステムとして全国的に普及させている。また，特許切れの成分を利用した低価格の後発医薬品の普及に合わせて，これらの成分や副作用等の情報を提供できるようにするなど，一度導入した ICT に新たな機能を付加している。こうした環境の変化にあわせた情報端末のバージョンアップは，薬局にとって ICT を継続して利用するインセンティブとなる。このことから，ICT が一度導入された空間的範囲に限ってその機能が発揮されるわけではなく，時間とともに空間的範囲の変化をともないながら ICT の機能が深化している。

　しかし，医薬品卸にとって多種類の安価な後発医薬品の増加は，利益率を下げ，より複雑な在庫管理を要求することになる。これらは配送業務の損益分岐点を上げ，分散在庫や ICT を活用した小規模薬局への安定供給を維持するうえでのリスクとなる。個別企業の経営努力では，需要の激変に適応しうる安定的な医薬品供給が困難になる可能性が生じているといえよう。

　一方，2011 年 3 月に発生した東日本大震災において，安定的な医薬品供給に向けた平常時からの備えの重要性が明らかになった。被災地に医薬品を供給するにあたって，情報や交通インフラが途絶されても，現場の営業マン

による現地ニーズの収集や分散的な在庫保有が有効に機能したという。一方,課題として,避難所の医薬品や医療ニーズに関する情報がスムーズに収集,伝達されなかったことが指摘された（中村・保高，2011）。現在，医薬品流通をめぐる環境は急激に変化している。したがって，一度導入されたICTの機能が，環境要因の激変とともにどう変化するのか，一般化のためにさらなる実証的な研究の蓄積が求められる。

　今後，高齢化の進展による医療需要の高まりに対して，医療機関だけではなく，介護施設，薬局など多様な主体が連携する必要が生じている。情報ネットワークは，それら各施設に分散する情報を共有し，患者に最適な医療サービスを提供するための基盤として不可欠である。その際，地域の需要の変化に柔軟に対応したICTの活用が求められる。本章の取り組みは，そうした地域医療の連携にも応用しうる。これについては，持続可能な公的医療保険制度のあり方において議論されるべきものであろう。

第7章 離島における医療システムの再編成のメカニズム

1. はじめに

1-1. 問題の所在

　日本の医療システムは，国民皆保険制度のもとで，地域によらずニーズにあった医療サービスを，誰もが相応の負担で受けられるという公平性の維持を原則としてきた。しかし，離島における医療システムは十分整備されているとはいえず，環境要因として，以下の3点が近年の医療需要と供給の関係にさらなる変化をもたらしている。

　第一に，近年，疾病構造が継続的なケアを必要とする糖尿病や高血圧症などの慢性疾患へと変化していることである。従来の医療システムは感染症などの急性疾患に対して，入院治療を中心とした医療施設の最適な配置による解決が図られてきた。しかし，治療を目的とした医療施設の最適立地を追求するのみでは対処しにくい在宅医療や生活支援のニーズが生じている。上記の問題は，医療関連施設や医療従事者が不足する地方において，より深刻であると推測される。

　第二に，地方自治体財政の悪化と高齢化である。これにより，地域によっては画一的な政策では対応できず，自圏内で必要な医療サービスを提供できない不採算の医療需要が依然として残存する。そのうち，大都市圏に隣接する中山間地域は都市部と地続きであるため，都市部との一体的運営によるサービス供給範囲の拡大が，供給効率化の手段となりうる。一方，島嶼部で構成される医療圏は，隔絶性と狭小性という地理的特性を有しているため，医療供給の範囲は島内に限定され効率的な供給は制約される。また，患者にとって，島外で受診することにともなう移動の肉体的，心理的，金銭的負担

はきわめて大きい。

　第三に，ドクターヘリや医療情報ネットワークなど新たな搬送手段やICTが，医師や医療施設の不足を補完する手段の一つとして利用できるようになっていることである。そこで，離島内においては財政運営適正化を原則として，提供できる範囲の医療サービスを限定し，必要に応じて他地域から医師派遣やドクターヘリによる搬送，高度専門医療，遠隔画像診断といった支援を受けることが前提とならざるをえない。

　3点目は，地域内外の施設が入院機能，外来機能，生活支援機能，調剤機能などそれぞれの役割を分担したうえで連携する動きをともなっている。したがって，地域内外の諸施設を運営する関係主体の行動から，こうした仕組みが構築されるメカニズムを検討することは，地理的条件の違いに配慮した超高齢社会における持続可能な社会保障政策のあり方を議論することにつながる。

1-2. 既往の研究と研究目的

　医療をはじめとする公共的なサービスは，住民にあまねく提供されることが望ましいが，実際には，サービスの利用機会には地域差が生じる。そこで地理学において，医療サービスが提供される施設のアクセシビリティを明らかにする研究や最適配置を求める研究がみられた（酒川，1980；関根，2003；濱里，1999；三原，2009）。

　アクセシビリティを扱った地理学的研究については，生鮮食料品にアクセスしにくいがゆえに，生活環境の悪化の可能性を明らかにしたフードデザート問題がある（岩間編著，2013；Wrigley *et al*., 2003）。ところが，こうした研究は，利用者と最寄りの小売店との距離を指標にしており，サービスの量と質への評価は十分ではない。医療サービスに関していえば，初期医療から三次救急まで重症度に応じたサービスが，医療施設の規模に応じて階層的に供給されている。また，物理的距離の制約に対して，医師派遣や遠隔画像診断，ヘリによる救急搬送といった代替手段が利用可能である。サービス供給の公平性を議論するにあたっては，利用者と施設との物理的距離のみならず，各

施設から提供される医療サービスの量と質から，その入手可能性をより詳細に検証する必要があろう。

また，誰がどのような仕組みのもとでサービス供給を実現するに至ったのか，そのプロセスを関係主体の行動の地理的条件から解釈しなければ，サービス供給の維持可能性を検証できない。従来，公共サービスを地理学から検討した研究は，市町村が保険者となっている介護保険を中心に，サービス需給における地理的差異が生ずるメカニズムを検証してきた（杉浦，2005；畠山，2012，宮澤，2003）。また，管轄自治体の対応を含め，特定の市町村内の資源配分と活用のあり方を論じるという政策指向性を有していた（稲田，2009；佐藤，2010；前田，2012；宮澤，2006）。一方，医療サービスはナショナルミニマムとしての性格が強いが，実際の供給にあたっては，財政移転の進む都道府県や市町村に加えて，国立や大学附属，私立医療機関の裁量によるところが大きい。

こうした関係主体の行動は地理的条件によって大きく異なる。医薬品の流通システムを検討した研究において，市場規模の大きい都市部では，ICTへの大規模投資に経営戦略上の意義を見出していた医薬品卸の行動が，需要の不確実性を解消していた（第6章）。一方，人口減少が進み市場規模が小さい離島では，割高の配送コストを流通業者間で分担することで医薬品へのアクセスが維持されていた（中村，2011）。このように，離島においては空間的制約が特に大きいことから，島内の関係主体の協調行動によってこうした制約を克服しようとする動きがみられる。ただ，調査対象とした五島市の主要な島である福江島は，離島のなかでも人口が相対的に大きく，営業拠点が立地するほど独立した商圏が成立しうる地域であった。

一方，同じ五島列島に属する新上五島町は，人口やその分布に関する条件不利性が五島市より高い。すなわち，国勢調査報告による2010年現在の人口は，五島市の4.1万人に対して，新上五島町では2.2万人と少ない。また，福江島は比較的平坦な土地が多い一方，新上五島町の主要な島の地形は複雑で，屈曲した海外線が多いうえに平坦地に乏しく，人口は地理的に分散している。加えて，新上五島町における人口10万人あたりの病院病床や医師の

不足は顕著で，2010年の各値は，全国平均（1244床，230人）を大きく下回って長崎県内で最低水準である（987床，136人）（長崎県，2010a）。新上五島町におけるこうした相対的に少ない人口の分散的な分布，少ない医療資源といった地域特性が，医療サービス供給の効率化をいっそう難しくしており，サービス維持のために島内外の関係主体の協調の必要性はより切迫しているものと推測される。

したがって，当該自治体というローカルな地理的スケールにとどまらず，本土‐離島間や市町村間といったより広域のスケールも視野に入れた議論が必要となる。市町村といった地方自治体は財源や人材の不足から，管轄地域外の資源も活用することによって，患者の医療ニーズを充足している場合が多い。そのため，離島の医療システムの再編成というローカルな事象は，ナショナルレベルの厚生労働省や総務省を中心とした医療政策の影響，本土に立地する国立病院，大学病院による支援に加えて，リージョナルな地理的範囲を管轄する県や近隣自治体による離島医療機関の運営という重層的なスケールからとらえなければ，離島の医療システムにおける再編成のダイナミズムを理解できない（山﨑，2013，p. 135；Brenner, 1999）。

そこで本章では，長崎県上五島地域を事例として，条件不利地域である離島における医療システムの再編成のプロセスとそのメカニズムを明らかにすることを目的とする。とりわけ，上五島地域内外の各主体がどのようにして経営の合理化を図りながら医療サービスの公平性の維持に努めているのかに焦点を当てる。上五島地域は将来の人口減少と高齢化を見据えて，市町村合併を契機に，いち早く医療システムを再編成しており，本章の目的を明らかにするための適切な事例と判断した。データの分析にあたって，2013年5月に医療関連施設や新上五島町役場に対してヒアリングを実施するとともに，資料の提供を受けた。具体的には，新上五島町役場健康保険課から提供された医療機関の配置を示した資料に加え，長崎県病院企業団から提供された企業団案内パンフレットおよび組織体制や経営概況を解説した資料，長崎県福祉保健部医療政策課から提供された資料を使用した。

以下，第2節では，従来の新上五島町の医療システムを概観する。第3節

では，医療システムの再編成過程を検証し，第4節では，医療システムの再編成に向けた，関係する各主体の行動を長崎県特有の経営環境から解釈する。第5節では，医療システムの再編成プロセスを重層的なスケールから考察することで，持続可能な社会保障のあり方を考えるうえでの論点を提示する。

2. 新上五島町の医療政策

2-1. 対象地域の概要

　新上五島町は，九州の西端，長崎県五島列島の北部に位置する。中通島と若松島を中心として，七つの有人島と60の無人島から構成されている。上五島地域は離島であることに加え，急峻な山々が連なり，平地に乏しいという地形的制約を抱えている。総面積は213.98km^2（2010年10月1日現在）であり，民有地の地目別では山林74.9％，畑15.6％，宅地4.1％（2009年1月1日現在）となっている[1]。

　新上五島町は2004年8月，旧5町（若松町，上五島町，新魚目町，有川町，奈良尾町）が合併したことにより誕生した。町外との交通手段は2006年3月末に上五島空港の定期航路が廃止されたことにより，海上公共交通に限定されている。海上公共交通は四つの基幹航路（奈良尾〜長崎，鯛ノ浦〜長崎，有川〜佐世保，青方・若松〜博多）に加え，離島間等をつなぐ民間航路と一つの公営航路で形成されている（長崎県新上五島町，2011a，p. 1）。1991年に若松大橋が完成したことにより，中通島と若松島は陸路で結ばれ，上五島地域の一体性は高まった。

　しかし，人口動態についてみると，基幹産業である水産業の低迷を背景に，若年層の地域外への流出と出生数の低下が続いている。国勢調査報告によると，新上五島町の人口は年々減少しており，1980年の3万8140人から2015年の1万9718人へとほぼ半減した。2015年現在の高齢化率は37.7％と，長崎県内で2番目に高く，長崎県（29.6％），全国平均（26.7％）を大きく上回っている。65歳以上人口の増加にともなって，高齢単身世帯の割合や認定者出現率は増加傾向にある。

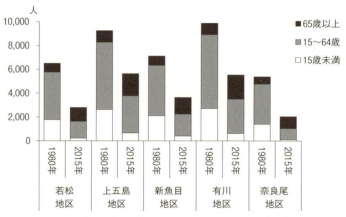

図7-1　新上五島町の旧町（地区）別にみた人口構成の変化
資料：国勢調査より作成。

　旧町（地区）別に人口分布の状況をみると，1980年当時は地区ごとに比較的分散するとともに高齢化率はいずれも10％前後であった（図7-1）。しかし，町役場が立地する上五島地区と，隣接する有川地区では，その後の人口減少の程度が小さかったのに対して，周辺の3地区では大きかった結果，人口の中心部への偏在が顕著となっている。高齢化の進展度も，地区によって異なっている。高齢化率は周辺部の奈良尾地区（48.9％）や若松地区（41.4％）でより進展している。両地区の65歳以上人口は1000人余りを数え，小地域別にみると，高齢化率が50％を超える地域は，人口規模が小さい海岸沿いの周辺部を中心に，広域にわたっていることがわかる（図7-2）。

　長崎県における医療システムの特徴は，①人口あたりの医療施設や病床数，医療従事者数といった医療資源は総じて多いこと，②長崎，佐世保県北，県央と，県南，離島地域の医療資源の地域差が大きいことである。例えば，2010年における人口10万人あたりの医師数は，長崎県において284.7人と全国平均（230.4人）を54人も上回るが，本土部医療圏では296.6人に対して，離島部医療圏（五島，上五島，壱岐，対馬）では165.5人であり，本土と離島の地域差は依然として大きい。こうした傾向は，病院を除いた医療施設や病床，他の医療従事者においても同様にみられる。

第7章　離島における医療システムの再編成のメカニズム

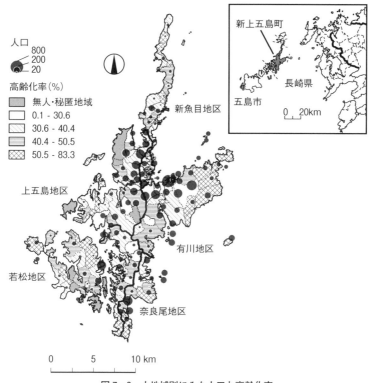

図7-2　小地域別にみた人口と高齢化率
資料：国勢調査より作成。

　新上五島町では，医師や看護師の勤務環境や生活環境が悪化しているために補充しにくい状況にある。例えば，同町における2008年の病院勤務医師1人あたりの病床数は12.3床と，全国平均（9.2床）や長崎県平均（11.3床）に比べて多く，医師1人あたりの負担が大きくなっている。

　2008年以前，町内の公的医療機関として，上五島病院（186床）を中心に，有川病院（50床），奈良尾病院（60床）の公立病院のほか，19床の入院病床を有する若松国保診療所と新魚目国保診療所，外来診療のみの国保榎津診療所，さらに仲知，津和崎，東神ノ浦，岩瀬浦，崎浦の5カ所の僻地診療所，日島出張診療所が立地していた（図7-3）。公的3病院は，初期医療，初期救急から二次救急医療，健康診断などの保健予防活動，療養等の高齢者医療ま

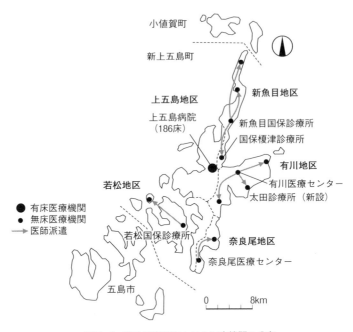

図7-3　新上五島町における医療機関の分布
資料：長崎県新上五島町役場健康保険課の資料より作成。

でを担っていた。入院機能を有する医療機関は，それぞれ合併前の旧町ごとに1カ所ずつ分散立地していた。それらはまた，僻地診療所への医師派遣による支援を通じて，医療機関へのアクセスの維持に努めていた。

しかしながら，患者の受療行動は島内で完結せずに島外へ流出している。全町民の3割を占める国民健康保険患者による，地区別にみた医療機関の利用状況において，入院患者の5割，外来患者の2割が島外にある医療機関を受診しており，島外の医療資源への依存度は高い（表7-1）。第一に，入院に関して，いずれの地区においても患者の約半数が島外の医療機関を選択している。新上五島町内で最大の病床数をもつ上五島病院への入院患者は島内全域のおいて一定の割合を占める。また，病院が立地している奈良尾地区や有川地区においては，地区内の病院を選択する割合が他地区よりも高い。それにもかかわらず，島外の医療機関で入院する患者の割合が相対的に高いこと

表7-1 国保患者の旧町別医療機関利用状況（2007年度）

入院患者数（人）		医療機関別利用割合（%）				
		上五島病院	奈良尾病院	有川病院	上五島内診療所等	上五島外
上五島	874	51.9	0.3	0.9	0.7	46.1
有川	881	37.2	0.8	10.6	0.3	51.3
新魚目	523	42.6	0.0	1.0	11.7	44.9
若松	484	32.6	11.4	0.6	4.8	50.6
奈良尾	477	19.1	27.0	0.0	0.2	53.7

外来患者数（人）		医療機関別利用割合（%）				
		上五島病院	奈良尾病院	有川病院	上五島内診療所等	上五島外
上五島	15,590	58.2	0.2	0.7	23.6	17.2
有川	17,008	36.6	0.3	30.1	17.1	15.9
新魚目	11,683	34.6	0.1	1.3	50.4	13.6
若松	10,955	32.1	7.4	0.2	33.2	27.1
奈良尾	8,463	22.5	46.7	0.0	4.3	26.4

資料：長崎県新上五島町（2010）：『医療再編計画資料別冊』長崎県新上五島町より作成。

が，新上五島町の受療行動の特徴の一つとなっている。この理由としては，一部の重症患者や精神疾患患者など，島内の医療機関では入院治療に対応できないために，島外の医療機関を選択せざるを得ないケースと，島内の医療機関の専門性や混雑状況などを勘案して，より専門性の高い医師や設備をそろえた医療機関や待ち時間の少ない医療機関を島外に求めるケースとが混在しているという[2]。

　第二に，外来に関して，入院ほどではないが，各地区の患者の2割前後が島外にある医療機関を受診している。一般的に，外来は入院よりも受療圏が狭く，都道府県は地域医療計画において，日常の健康管理やかかりつけ医による初期診療を提供する地理的範囲を，一次医療圏として市区町村に設定している。しかし，島外の医療機関を受診する割合は，若松地区（27.1%），奈良尾地区（26.4%）において特に高い。加えて，島内の医療機関を受診する患者においても，病院の外来を選択する割合が奈良尾地区（69.2%），有川地区（67.0%），上五島地区（59.1%）において高い。このことから，病院

は入院と外来の双方の機能において果たす役割が大きいうえに，患者の受療圏は本土の医療機関を含めた広域の範囲にわたっていることがわかる。国民健康保険の主な構成員は従来，一次産業従事者であったが，現在では退職者や高齢者などの低所得者の加入が主であり，国民健康保険の財政運営は厳しく，2008年度には基金の余剰がなくなったため，一般会計から借り入れている状況にある（九州地域産業活性化センター，2010, p. 80）。

2-2. 長崎県における離島医療政策の概要

各都道府県は地域医療計画によって，入院医療を完結させるための地理的範囲として二次医療圏を設定している。しかし，長崎県の八つの二次医療圏のうち，離島で構成される四つの二次医療圏は，少子高齢化と医師不足のために，自圏内で必要な医療サービスを提供するには限界がある。そこで，離島地域の医療計画は，本土の支援を受けながら，必要最小限の医療サービスを維持してきた。長崎県における離島医療政策の支援内容は，①医療機関の運営，②医師の確保，③ヘリによる島外搬送手段の確保，④医療情報ネットワークの導入に集約される。

長崎県では，県，大学，地方自治体が一体となって離島医療の充実を図ってきた経緯がある。五島，壱岐，対馬，生月の医療施設が不足する離島においては，長崎県と壱岐，五島，対馬の離島市町が一体となって，病院を経営する目的で1968年に一部事務組合である長崎県離島医療圏組合を設立し，施設の老朽化の解消や増床による整備を図っている（図7-4）。また，医師確保のため，1970年に長崎県医学修学資金貸与制度，1972年に全国的に自治医科大学派遣制度が創設された。

1979年には，長崎県医学修学生，自治医科大学生として医師免許を取得した養成医が，長崎県の離島および僻地医療の向上，発展に貢献することを目的として，長崎県離島医療医師の会（もくせい会）を設立した。会員数164名（2008年現在）の任意団体であり，離島，僻地医療に従事する医師の養成，学生教育，研究，研修助成，医療に関する諸問題の解決に取り組んでいる（八坂，2009）。加えて，1984年に巡回診療船「しいぼると」が建造さ

第 7 章 離島における医療システムの再編成のメカニズム

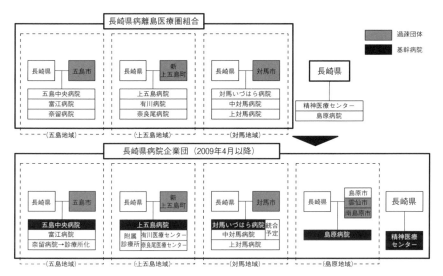

図 7-4 長崎県病院企業団の組織体制

注：財政難と医師不足を抱えていた島原地域の旧県立島原病院は，離島医療圏組合病院あり方検討懇話会からの提言を受けて新たに企業団に加わった。
資料：長崎県病院企業団から提供された組織体制や経営概況を解説した資料より作成。

れるなど，長崎県の医師不足を解消するための施策がとられてきた（中里ほか，2007）。

また，長崎県は，離島，僻地における公立診療所の医師確保など，地域医療の確保を支援するため，2004年に離島・へき地医療支援センターを設置し，常勤医師や代診医師の派遣を行うなど医療支援を行っている。診療所の医師が休暇や出張の際には，診療所から代診医師の派遣依頼を受けた離島および僻地の市町の所管部署が，同センターに医師の派遣を要請している。さらに，上五島病院にある15の診療科のうち，循環器内科，神経内科，泌尿器科，耳鼻咽喉科，皮膚科は長崎大学病院からの診療派遣により対応している。脳神経外科や心臓血管外科，心筋梗塞に対する心臓カテーテルによる治療，核医学検査や放射線治療は同病院では設備，専門医を有していないため，本土病院と連携し，迅速な患者搬送に努めている[3]。

離島から本土医療機関への三次救急患者の搬送には，1999年10月に導入

された県防災ヘリと，2006年12月に運用されたドクターヘリによるヘリコプター搬送システムが活用されている[4]。また，緊急搬送すべきかどうかの判別が困難な場合に備えて，遠隔画像診断システムを利用している。同院で対応できない脳神経外科や心臓血管外科疾患，心筋梗塞患者などが発生した場合，画像伝送システムで長崎大学病院や国立病院機構長崎医療センター（以下，長崎医療センターと略す）にデジタル化した画像を送り，専門医と相談して治療方針や患者搬送の適応を決定する。搬送の必要がある場合には，海上自衛隊や県防災ヘリ，ドクターヘリで本土専門病院へ患者搬送を行う[5]。

こうした一連の離島医療政策は，医師不足にあっても本土と同様の医療サービスを提供できるよう，医療制度や医療環境の変化に応じて時とともに深化しており，長崎システムとして全国から注目されている。

表7-2 新上五島町における医療供給体制の再編成プロセス

年	長崎県	長崎県離島医療圏組合（2009年3月まで） 長崎県病院企業団（2009年4月以降）	新上五島町
2004		4月：地方公営企業法の全部適用を実施	8月：5町（若松町，上五島町，新魚目町，有川町，奈良尾町）が合併して新上五島町が誕生
2005			12月：新上五島町行財政改革大綱策定
2006	3月：県立病院新運営計画（2006～2010年度） 3月：長崎県保健医療計画策定（2006～2010年度） 11月：県立及び離島医療圏組合病院あり方検討懇話会設置 12月：ドクターヘリの運用開始	3月：県立病院新運営計画を策定 11月：外部有識者会議「県立及び離島医療圏組合病院あり方検討懇話会」を設置 （平成19年7月までに懇話会を8回開催）	3月：新上五島町行財政改革実施計画（新上五島町集中改革プラン）策定
2007	7月：県立及び離島医療圏組合病院あり方検討懇話会報告書提出	11月：県立及び離島医療圏組合病院の基本方針を知事が発表（県立2病院と離島医療圏組合9病院は，県と地元5市1町が共同体を設立し運営すべき）	6月：医療体制のあり方検討委員会設置

第7章　離島における医療システムの再編成のメカニズム

3．医療システムの再編成過程

3-1．市町村合併以降

　新上五島町の行財政を取り巻く環境は，依然として厳しい見通しである。同町の財政状況は，合併後に実施された2005年度から2009年度の5カ年にわたる行財政改革を経て，危機的な状況は脱したものの，依然として多額の町債残高や依存度の高い地方交付税に係る合併支援措置（算定替）の終了を前提とした長期的な視点からの財政運営が必要となっている（表7-2）（長崎県新上五島町，2011b, p. 4）。総務省によると，2010年度における長崎県の財政力指数は0.297であったのに対して，新上五島町のそれは，0.274に過ぎず，基準財政需要額が基準財政収入額を大きく上回っている状況である。

2008			3月：太田診療所を開設
2009	3月：長崎県立病院改革プラン策定（2009～2011年度）	3月：長崎県離島医療圏組合解散 4月：長崎県病院企業団設立。矢野企業長就任 11月：有川病院を無床診療所化し，上五島病院附属有川医療センターに改称。人工透析室，リハビリテーション室等を整備	6月：新上五島町医療再編実施計画策定 7月～8月：小学校区ごとの住民説明会
2010		4月：上五島病院療養病床を一般病床・亜急性期病床に変更	10月：新魚目診療所を無床化 10月：若松診療所を無床化
2011	3月：長崎県医療計画策定（2011～2015年度）	4月：奈良尾病院を無床診療所化し，上五島病院附属診療所奈良尾医療センターに改称	3月：新上五島町第2次行財政改革大綱策定 7月：新上五島町第2次行財政改革実施計画策定
2012		3月：長崎県病院企業団中期経営計画策定（2012～2016年度） 4月：上五島病院附属診療所奈良尾医療センターを新築移転。米倉企業長就任	

資料：長崎県（2010）『長崎県地域医療再生計画（離島圏域）』長崎県，長崎県（2011）『長崎県医療計画』長崎県，長崎県病院局（2009）『長崎県立病院改革プラン』長崎県病院局，新上五島町医療体制のあり方検討委員会（2008）『新上五島町医療体制のあり方検討委員会報告書（答申書）』新上五島町医療体制のあり方検討委員会，長崎県新上五島町（2009）『新上五島町医療再編実施計画』長崎県新上五島町，長崎県新上五島町（2011）『新上五島町第2次行財政改革大綱』長崎県新上五島町より作成。また，長崎県病院企業団長の就任時期については長崎県病院企業団への聞取り調査，新上五島町における小学校区ごとの住民説明会の時期については上五島病院への聞取り調査より作成。

特別交付税の不採算地区分は，2006年度において，有川病院，奈良尾病院で計約7500万円であったが，合併による特例措置であり，2009年度をもって終了した。一方，2006年度の若松，新魚目両町立診療所の医業収入は，合計約2億円の赤字であった（新上五島町医療体制のあり方検討委員会, 2008, p. 3)。診療所における外来患者数，入院患者数ともに毎年減少しており，2008年度の病床利用率は，若松診療所が37％，新魚目診療所が17％と低く，今後も減少が予想されていた（表7-3）。

　また，若松診療所において，長崎大学から常駐で医師1名を派遣していたが，2009年4月以降，週3日の派遣となったため，医師が1名体制となり，勤務環境の悪化が懸念されていた。一方，新魚目診療所は，2006年度に退職した医師の欠員補充ができないことから，医師が1名の状態が続いていた。こうした状況を踏まえ，2005年12月に策定された新上五島町行財政改革大綱において，若松，新魚目両診療所について，入院部門の廃止および経営形態の統一化が取り組むべき課題としてあげられた。

　2006年11月，長崎県離島医療圏組合は，外部有識者でつくる県立及び離島医療圏組合病院あり方検討懇話会を設置し，病院のあり方について調査，検討を行い，2007年7月までに懇話会を8回開催した[6]。その結果，同懇話会は長崎県と組合に対して，組合病院について急性期入院医療を担う医療機関と外来機能を中心とする医療機関に機能分担すべきとし，県立2病院（島原病院，精神医療センター）は従来通りとしたものの，対馬市，五島市，新上五島町に3カ所ずつある組合運営の9病院の病床再編や集約を提言した。

　2007年12月には総務省から公立病院改革ガイドラインが示され，病院事業を設置する地方公共団体に対して2008年度内に改革プランを策定し，経営改革に取り組むよう要請された（総務省，2007）。このガイドラインにおいて，一般病床および療養病床の病床利用率がおおむね過去3年間連続して70％未満となっている病院については，病床数の削減，診療所化等の抜本的な見直しを行うことが適当であり，病床数が過剰な二次医療圏内に複数の公立病院が所在する場合には，再編，ネットワーク化により過剰病床の解消を目指すべきである，とされた。

表7-3 医療機関の1日あたりの平均患者数

	上五島病院		有川病院		奈良尾病院		若松診療所		新魚目診療所		榕津診療所	
	2008年度	2012年度	2008年度	2012年度	2008年度	2012年度	2008年度	2012年度	2008年度	2012年度	2008年度	2012年度
外来(人)	526.1	531.3	107.9	138.2	93.4	101.6	55.8	43.9	39.9	28.6	36.5	30.4
入院(人)	149.8	153.3	15.7	0.0	18.6	0.0	7.1	0.0	3.3	0.0	0.0	0.0
病床利用率(%)	80.5	83.3	31.4	0.0	31.0	0.0	37.4	0.0	17.4	0.0	0.0	0.0

資料:2008年度のデータについては,長崎県新上五島町(2009):『新上五島町医療再編実施計画』長崎県新上五島町より作成.2012年度のデータについては,聞取り調査より作成.

　2008年12月に総務大臣による長崎県病院企業団の設立許可が下りたことを受けて,2009年4月に長崎県と島原地域,五島地域,対馬地域の市町が一体となって病院を経営する長崎県病院企業団を設立して,県立2病院と離島医療圏組合9病院の運営にあたることになった(図7-4)。共同体の運営形態としては,地方公営企業法を全部適用した一部事務組合(企業団)が採用された。新上五島町内に立地する3病院についても,新たに設立された長崎県病院企業団によって運営されることになった。

　2007年6月,町立診療所と企業団病院を含めた町全体の医療体制のあり方を検討することを目的として,上五島病院の名誉院長を委員長とした15名で構成する「医療体制のあり方検討委員会」が,新上五島町の依頼を受けて設置された。同委員会は関係諸機関および地域住民から幅広い意見を聴取するため,2007年7月から2008年3月までのべ7回の会議を開催し,町立診療所および離島医療圏組合病院のあり方について,調査,検討を行った。その結果,まとめられた意見は,2008年3月,報告書として新上五島町に提出された(新上五島町医療体制のあり方検討委員会,2008,p.1)。この報告書の提出を受けて,新上五島町は2009年6月,2009年度から2011年度の3カ年間を計画期間とする「新上五島医療再編実施計画」を策定した。

3-2. 新上五島医療再編実施計画の実施

　新上五島医療再編実施計画の基本的な目標は,①現在ある医療機関について,既存の施設は残し,機能を変えるなど有効な活用を図ること,②企業団

病院については，上五島病院を基幹病院として，機能分担による医療の継続を図ること，③疾病予防や早期発見の原則から，各病院，診療所とも健診や保健業務を継続的に実施すること，④安全，安心の医療体制の原則から，救急搬送は30分以内を目途とすること，の4点であった（長崎県新上五島町，2009，p.2）。

新上五島医療再編実施計画に基づき，新上五島町は2009年7月から8月にかけて，医療施設から入院ベッドをなくす，無床化による入院機能の低下が懸念された小学校区ごとに計15回の住民説明会を開き，上五島病院院長を含めて，計1100名の住民に対し計画の理解を求めた。住民からは，入院施設までのアクセスが悪くなることによる通院のための交通利便性の確保，安心して出産できる産婦人科医師の確保，人工透析機能の維持，入院病床の維持などの意見や要望があったという。

有川地区には3カ所の小学校区があり，それぞれの校区において，1回ずつ説明会を開いた結果，住民からの理解が得られた。そして，当初計画の予定通り，2009年11月，有川病院は無床診療所に変更されるとともに，上五島病院附属有川医療センターに改称された。しかし，奈良尾地区については，上五島病院から24km離れている奈良尾病院の無床化に対し，入院施設へのアクセシビリティが低下することを懸念しての反対意見が多かったため，2011年4月まで計画の実施が延期された[7]。

入院機能は基幹病院である上五島病院（186床）に集約される一方，2009年11月に有川病院（現・有川医療センター），2010年10月に新魚目診療所と若松診療所，2011年4月に奈良尾病院（現・奈良尾医療センター）がそれぞれ無床化された（図7-3）。その結果，同町内における病床数の合計は，334床から186床にほぼ半減した。

一方，上五島病院では，医師数が2010年4月の17人から2013年には23人（内科7人，外科4人，整形外科3人，産婦人科2人，小児科2人，眼科1人，精神科1人，研修医3人）に増加した（表7-4）。これにより，病院勤務医師1人あたりの病床数は，同期間に10.9床から8.1床へと，全国平均を下回る水準に低下した。また，上五島病院の看護師不足も有川病院および奈良尾病

表7-4 新上五島町における医療機関の機能

施設名	病床数		医師数		機能（2013年）
	2008年	2013年	2008年	2013年	
上五島病院	一般132床 療養50床 感染症4床	一般182床 感染症4床	19人	20人 研修医3人	救急告示病院 へき地医療拠点病院 災害拠点病院 臨床研修病院 第2種感染症指定医療機関 訪問看護ステーション併設
有川病院 →有川医療センター	一般50床	0床	3人	3人	1次医療
奈良尾病院 →奈良尾医療センター	一般60床	0床	2人	1人	1次医療
若松診療所	19床	0床	1人	2人	1次医療
新魚目診療所	19床	0床	1人	1人	1次医療
榎津診療所	0床	0床	1人	1人	
沖知へき地診療所	0床	0床	非常勤	非常勤	火曜日午後診療
津和崎へき地診療所	0床	0床	非常勤	非常勤	木曜日午後診療
東神ノ浦へき地診療所	0床	0床	非常勤	非常勤	木曜日午後診療
岩瀬浦診療所	0床	0床	非常勤	非常勤	隔週火曜日午後診療
太田診療所	0床	0床	非常勤	非常勤	月曜日午後診療
日島出張診療所	0床	0床	非常勤	非常勤	水曜日午後診療

資料：2008年のデータについては，長崎県新上五島町（2009）：『新上五島町医療再編実施計画』長崎県新上五島町より作成．2013年のデータについては，聞取り調査より作成．

院の無床化にともなう看護師の集約により解消され，高い診療報酬が得られる看護師の配置基準を満たすことができた．

　他方，無床化した有川医療センターは，人工透析機能を6床増加して20床とし，東神ノ浦へき地診療所，崎浦地区へき地診療所，太田診療所へ医師の派遣を行っている．2009年度に6400万円の赤字だった有川医療センターの経常収支は，2010年度には1000万円の黒字に転換した．奈良尾医療センターは，岩瀬浦診療所への医師の派遣および訪問看護ステーションの設置により，在宅医療を提供する体制を整備した．さらに，奈良尾医療センターについては，2012年4月，国の地域医療再生臨時特例交付金を活用することで，総事業費3億900万円をかけて，高台から奈良尾港近隣の通院利便地に新築移転した[8]．また，診察室3室のほか，救急処置室，リハビリ室などが

整備された。

　新魚目診療所では，2名の医師が3カ所の診療所に週1回交替で出向き，一次医療と予防医療に取り組んでいる。若松診療所においても，2013年4月以降，1名の医師が増え，日島診療所における週1回の診療を行うこととなった。

　一方，三次救急医療や精神科の入院機能については，新上五島町内に対応できる施設が存在しないため，本土の医療資源を活用することを前提とした豊富な離島への支援が存在していた。それらは，本土に立地する三次医療機関である長崎医療センターへのヘリコプターによる救急搬送，高度専門医療，遠隔画像診断を含む。また，長崎医療センターと長崎大学病院は，離島への医師派遣において主要な役割を果たしてきた。

　加えて，長崎県内で普及している医療情報ネットワークを通じて，島内外の病院と診療所間の情報共有が図られている。島外では2004年11月，上五島病院が同システムの利用を開始し，本土の長崎大学病院および長崎医療センターの診療情報にもアクセスできるようになった。また，島内においては2011年7月以降，患者の同意があれば，上五島病院の診療情報が有川医療センター，奈良尾医療センターに加えて，薬局2施設と患者の主な退院先である介護施設1施設に公開できるようになった。2013年7月現在，新上五島におけるシステム登録患者数は314人である。特に専門的医療にかかる患者は，本土の医療機関と併院する場合が多く，自身の診療情報について具体的に伝達することが困難であることから，システムの利用に積極的であるという（第4章)[9]。

　こうして，新上五島町の医療供給は，旧町ごとに入院病床を有する医療機関が分散立地する体制から，遠隔医療と医師派遣，救急搬送を活用しながら，特定の医療機関に入院機能を集約した階層的な体制へと再編成された。

4. 医療システムの再編成の仕組み

4-1. 各主体の行動

　新上五島町において，医療再編実施計画が当初の計画通りに実施された。そして，町内の医療関連施設は，それぞれの機能を分担しながら相互に連携することで，サービス水準の維持と経営改善の両立が図られた。当該計画がスムーズに実施された背景には，計画実施以前の新上五島町，長崎県病院企業団，本土医療機関，上五島病院による離島医療の確保に向けた協調行動があった。以下，それぞれの主体の行動を長崎県特有の経営環境に焦点を当てて，詳細に検討する。

　新上五島町では，市町村合併にともなう合併特例措置の終了を踏まえた行財政改革を積極的に行う必要があった。旧町ごとにあった組合病院や有床診療所の病床利用率は低く，不採算であった一方，病床数に基づいて決められる医師や看護師の確保が困難であった。そのため，各病院において当直が月に8回に上るなど医師や看護師の労働環境は悪かったという[10]。したがって，健全な労働環境を確保すべく，医療従事者の負担を軽減するためには，病床数を減らす以外に有効な解決策は残されていなかった。

　医療従事者の不足を解消するという同町が作成した医療再編実施計画の理念は，その骨子を作成した医療体制のあり方検討委員会の答申を受けて決定されたものであった。さらにその答申は，長崎県離島医療圏組合（現・長崎県病院企業団）による懇話会の提言に沿ったものであった。すなわち，新上五島町内の医療施設の病床数を削減するという計画は，長崎県病院企業団を運営する長崎県と島原地域，五島地域および対馬地域の1県5市1町による意思決定を反映したものである。このことから，長崎県離島医療圏組合は，新上五島町を含めた島嶼部の医療体制のあり方を決定するうえで少なからぬ役割を果たした。

　長崎県病院企業団は，地方公共団体が経営する地方公営企業である病院事業として，企業としての経済性の発揮と公共の福祉の増進という公共性の両

立に努めている。特に同企業団の運営する病院は公立病院という性格上，長崎県医療計画に基づいて，地域に不足している離島や僻地における医療の安定的な確保を図る役割を担ってきた。そのため，上記の本来一般会計が負担すべき経費との負担区分を前提としたうえでの独立採算制となっている。

　それにもかかわらず，長崎県の環境要因の変化として，医療供給地域における人口の減少が，病院収入を大きく左右しており，結果として病院経営の不確実性を高めている。そのため，長崎県のように人口が減少傾向にある状況下において，患者をいかに確保し，病床の稼働率をいかに高めていくかが長崎県の病院経営にとって重要な課題となっている（近藤・岡田，2008）。離島医療圏組合の設立以前に，医療施設は慢性的に不足し，医療の確保が困難を極めていたため，同組合が基幹病院の老朽化の解消や増床，医療機器の整備などを行うことで各二次医療圏域の医療の充実を図ってきた経緯がある[11]。長崎県病院企業団の設立にあたって，人口減少が著しく，医師等医療従事者の確保が困難な島嶼部においては，医療資源の集約化や機能分担による将来を見据えた医療システムの構築により，地域が必要とする医療水準の維持を図ることが必要と考えられ，構成団体の同意のもと，離島病院の再編が進められている（長崎県病院企業団，2012）。このように，他地域と比べて離島を数多く抱えることに起因する長崎県特有の地理的条件の不利性が，長崎県病院企業団による病院経営改革の誘因となっている。

4-2. 長崎県病院企業団による経営改革

　前節で検討したように，上五島地域の医療システムの再編にあたって，長崎県病院企業団は主導的な役割を果たした。離島における不採算の医療を担っていくうえで，国の社会保障政策の充実に加えて，長崎県病院企業団による経営改善に向けた継続的な取り組みが不可欠であった。そこで以下に，長崎県病院企業団の決算状況も踏まえながら，経営改革の効果と実現の要因を考察する。

　ほとんどの公立病院は，地方公営企業に位置付けられ，地方公営企業法の財務規定等が適用される（山内，2009）。同法では，原則独立採算制が適用さ

れるが，受益者負担だけでは回収困難な経費については，自治体の一般会計等で負担することが可能となっている（堀，2007）。病院企業団の病院経営においても，公的資金の投入は，長崎県や構成市町からの繰入金として正当化されている。

そのため，公立病院の経営状況は，厚生労働省によって隔年で実施される報酬改定に加えて，総務省による交付税の配分など地方財政措置のあり方に大きく影響される。前者では2001年から2006年の小泉純一郎政権のもとで進められた医療制度改革の一環で，総額の診療報酬改定率が，2002～2008年度においていずれもマイナスであった。一方，2009年に民主党政権に交代して以降，医師の労働条件の緩和を目的として，診療報酬改定率は2010年度および2012年度においてプラスに転換した。

後者では，許可病床1床あたりの普通交付税が県では1996年度の78.6万円から2008年度の48.2万円，市町では同期間に74.0万円から48.2万円とそれぞれ減少傾向を示した。しかし，その後年度とともに単価が引き上げられた結果，2012年度には県，市町とも71.3万円に増加した。

その結果，公立病院における全国平均の経常収支比率[12]は，診療報酬の増

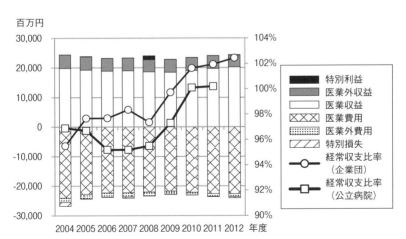

図7-5　長崎県病院企業団決算の推移
資料：長崎県病院企業団から提供された組織体制や経営概況を解説した資料より作成。

表7-5 長崎県病院企業団への構成団体負担金の推移

単位：百万円

年度	県（一般財源）	市町（一般財源）	交付税（県・市町）	合計
2004	2,543	696	2,462	5,701
2005	2,173	744	2,413	5,330
2006	2,082	759	2,381	5,222
2007	1,832	615	2,163	4,610
2008	1,842	601	2,110	4,553
2009	1,475	587	2,709	4,771
2010	1,199	550	3,129	4,878
2011	1,293	535	3,023	4,851
2012	1,297	591	2,799	4,687

資料：長崎県病院企業団から提供された組織体制や経営概況を解説した資料より作成。

加による患者単価の増加と，病床利用率の向上による人件費あたりの収益の増加によって改善傾向にある。2006年度から2007年度にかけて95.2％にまで低下した経常収支比率は，2011年度に100.2％まで上昇した（図7-5）。

　長崎県病院企業団への構成団体負担金の推移をみると，公立病院に対する地方交付税措置の拡充により2009，2010年度は増加しているが，交付税を除く構成団体の実質的な負担はこの間も含め減少傾向にある（表7-5）。すなわち，県の一般財源は，2004年度の25.4億円から2012年度の13.0億円へと約半減した。また，市町の一般財源は，2004年度の7.0億円から2012年度の5.9億円へと微減した。一方，地方交付税は，旧県立病院については長崎県へ，旧離島医療圏組合病院については離島の3市町へ配分されている。その結果，交付税の負担金総額に占める割合は，2004年度当時4割程度だったものが，2012年度には6割を占めるに至った。

　長崎県病院企業団の経常収支比率をみると，公立病院全体の平均値よりも増加の程度が大きく，2012年度に102.4％まで上昇した（図7-5）。繰入金を含めた医業外収益が減少傾向にあるにもかかわらず，経常収支比率が改善している要因として，高い医業費用の継続的な削減があげられる。医業費用から医業収入を差し引いた医業損失は，直近の5年間で約10億円縮小した。上五島地域に限定すると，過去5年間の医業損失は，1.8億円縮小した。2

病院の無床診療所化による人件費の削減がその主な要因と推察される。

　こうした一連の経営改革は，前企業団長のトップダウンの経営判断によるところが大きい[13]。旧離島医療圏組合においては，傘下の3組合がそれぞれ別会計を採用していた。一方，当時は，長崎県知事が組合長を務めており，意思決定が事務的になる傾向があったという。しかし，企業団の設立以降，医師として勤務経験がある企業長による判断が可能になった。前企業団長および現企業団長はいずれも，長崎医療センターのセンター長を務めた経験があり，不採算である離島医療を維持するための課題を熟知していた。また四つの一部事務組合と一つの県立病院の会計処理を統一することで，スケールメリットを生かした医薬品納入などによるコスト削減を図ることが可能になった。実際，企業団が設立された2009年度以降，企業団の医薬品や医療機器などの共同購入事業が開始されたことによって，2008年度比で毎年度1億円前後が削減された。このように，長崎県病院企業団の経営改革は，企業団の設立にともなう組織体制の変更によって，医師の勤務環境に配慮しながら経済性を発揮させたことによって実現した。

5．小括

　本章は，長崎県上五島地域を事例として，条件不利地域である離島における医療システムを検討し，上五島地域内外の各主体の取り組みから，どのようにして経営の合理化を図りながら医療サービスの公平性の維持を図っているのか考察した。

　福祉国家の退場にともなって，地方分権という名目のもと，新自由主義化した福祉サービス供給におけるローカル・ガバナンスの重要性が指摘されている。しかしながら，国民皆保険制度下において，ナショナルミニマムとしての医療供給の公平性を担保するうえで，国家の責任は依然として大きい。実際に，近年の国の交付税措置，地域医療再生基金や診療報酬プラス改定は，医療機関の収支改善に大きく寄与した。こうした国策に加えて，医療計画を策定する各都道府県や，基礎自治体を超えた受療圏をもつ高度かつ専門的医

療を実施する医療機関の経営行動を含めた，より広域のスケールにおけるガバナンスのあり方についても考慮する必要がある．

　本章の事例に照らせば，離島医療を維持可能とした地域固有の要因として，その時々の社会保障政策の動向に左右されず，健全な医師の勤務環境と経済性の確保を優先してきた長崎県，本土医療機関，病院企業団，関係市町による協調行動を指摘できよう．こうした協調行動によって，上五島地域の離島であるがゆえの，時間的，距離的制約を克服するために不可欠な，ICTの活用と救急搬送体制の確保が可能になった．医療施設の立地をほとんど変えることなく，島内の医療資源の集約化と医療サービスの維持の両立を目指すこうした仕組みは，従来の施設の最適配置研究では十分に考慮されてこなかった，物理的距離の制約を改善する方策の一つとして有効である．

　その結果，上五島地域以外の二次医療圏を含む長崎県全域を管轄地域とする主体による広域的な対応によって，離島における医療システムが維持されていた（図7-6）．たしかに，市町村合併の結果，基礎自治体の管轄範囲は二次医療圏の圏域とほぼ一致したため，自治体の医療政策と二次医療圏の医療計画との整合性は高まった．しかし，新上五島町と小値賀町の2町で構成さ

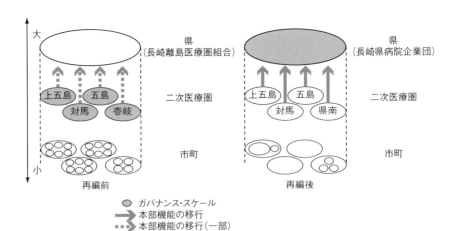

図7-6　長崎県の離島における医療供給体制の再編成
注：県南医療圏は島原市，雲仙市，南島原市で構成される．
資料：聞取り調査より作成．

れる上五島医療圏は，長崎県によって，医療法のもとで入院医療を完結させるための圏域として便宜上設定されたものであり，離島で構成される二次医療圏の医療需要をすべて自圏内で充足するには限界があった。県や本土に立地する医療機関の支援なくして，離島の自治体がその管轄地域における医師の勤務環境を改善したり，医療施設を集約したりすることは公平性の維持の点からきわめて困難な構造なのである。

　事実，医療資源を動員しようと島内外の複数の主体が介在した現象は，離島を中心とする条件不利地域においてのみみられ，長崎医療圏や佐世保・県北医療圏など長崎県内でも本土の医療資源が恵まれた圏域ではみられない。すなわち，長崎県上五島地域の医療システムの再編成は，基礎自治体や二次医療圏といったローカル・スケールでは対処できない地理的条件において，本土を含めた長崎県といったより広域のスケールで対処しようとした，ガバナンスの見直しをはらんだプロセスといえる。

　以上のように，島外の支援を受けて，医療機関の経営改善を図りつつ，公平性の維持に努めてもなお，医療サービスの地理的偏在が残存する可能性がある。上五島地域における今後の課題として，アクセシビリティ改善のための交通利便性の確保や，在宅医療支援のための多職種間の情報共有を指摘できる。これまでの医療供給主体の経営方針に鑑みると，いかにニーズがあろうと，医師の勤務環境の確保を最優先するならば，本土並みの医療システムを維持するための費用を捻出し続けるのは容易ではない。今後，供給主体の論理と住民の生活の論理のバランスをめぐって，経済性のいっそうの追求のために，多様な供給主体が，地域住民といかに合意形成を図っていくかがクリアすべき政策的課題になってこよう。いずれにせよ，本章の事例は，二次医療圏を入院医療の基本的な地理的範囲としてきた現行の地域医療計画における画一的な対応の限界を如実に表している。

　本章において得られた知見を，地方都市や中山間地域など他の条件不利地域に敷衍できるかどうかについては慎重な検討を要する。離島はその隔絶性と狭小性という地理的特性から，上記した地域よりも都市機能の集約化による経済性が発揮しにくい。そうした不利な状況に置かれているからこそ，島

内外の関係主体による対応が図られたのであった。しかしながら，全国的に医師不足と高齢化が進展する現在，他の条件不利地域においても，医療関連施設の空間的分布のみならず，関係主体の行動を地理的条件の差異を踏まえて分析する必要があろう。

　例えば，国立社会保障・人口問題研究所の将来推計人口（2013年3月推計）によると，離島で構成される新上五島町，対馬市，五島市などにおいて，2020年前後をピークに65歳以上の高齢者の絶対数が減少に転じる。したがって，本章の事例は，医療需要の減少を見越した医療システムの縮減対策ととらえることもできよう。一方，大村市においては，同値が2040年まで一貫して増加すると見込まれており，医療需要の増加にあわせた医療と福祉の供給体制の整備が急務であることは想像に難くない。大村市と同じ二次医療圏を構成する近隣4市町は同値のピークを先駆けて迎えることから，現在の医療システムのままでは，自圏内で増加する医療需要を充足するのは困難になると推測できる。しかし，圏外と地理的に連続していることから，二次医療圏を超えた広域的な対応が図りやすい。今後，こうした問題は，高齢者の絶対数が大きい大都市圏でより切実になると考えられる。

　このように，多様な地理的条件と空間スケールに焦点を当てた考察は，関係主体の役割と連携の態様を明らかにし，とかくローカルなスケールでのみとらえられがちな医療システムの再編成プロセスを体系化することにつながる。以上の試みは，医療需要のある地域に広域的かつ柔軟に対応して医療サービスの公平性を維持しつつ，持続可能な社会保障を確保するための具体的な支援策の提言にも寄与するものと考えられる。

第8章　離島の医療再編による日常生活圏域のケアへの影響

1. はじめに

　日本では，疾病構造の変化や高齢化によって，複数の慢性疾患を抱えながら地域で暮らす人口が増加している。そこで，問題を抱えても住み慣れた地域の中で生活を継続可能とするための地域包括ケアシステムを地域の実情を踏まえて構築することが，社会保障政策の重要な課題となっている。地域包括ケアシステムの定義は，2013年12月に成立した「持続可能な社会保障制度の確立を図るための改革の推進に関する法律」の第4条第4項で，「地域の実情に応じて，高齢者が可能な限り，住み慣れた地域でその有する能力に応じ自立した日常生活を営むことができるよう，医療，介護，介護予防，住まい及び自立した日常生活の支援が包括的に確保される体制」と規定された（厚生労働省，2016）。本章の対象とするケアは地域包括ケアと同義である。このケアシステムは，その地域に暮らすケアを必要とする者全体を対象とし，医療や介護，予防，福祉サービスの包括的な提供を想定した「多対多」の関係である（近藤編著，2016）。

　ここでいう地域とは，2005年の介護保険法の改正によって，高齢者が住み慣れた自宅や地域で生活し続けられる環境づくりを図るために設定が義務づけられた日常生活圏域を指す。とりわけ，地域密着型サービスや介護予防拠点などの整備を目的として，地理的条件，人口や交通条件など社会的条件などを勘案して設定される[1]。地域包括ケアシステムの主たる対象地域として，農村部を軽視しているわけではないが，今後高齢者が急激に増える大都市圏が想定されている（二木，2015）。こうして，地域包括ケアシステムの理念は規定されているものの，実態は全国一律の基準によって規制，監督が行

われるシステムではなく，各地域で自主的に取り組むことが求められているネットワークであることに留意する必要がある（二木，2017）。

　地域包括ケアシステムの実態がネットワークである以上，その様態は地域によって異なると考えられる。なかでも，山間部や島嶼部など人口低密度地域では，医療および介護サービス事業者にとって経営効率が悪く，サービスへのアクセシビリティが制約される傾向にあるため，①誰が地域包括ケアシステムの推進役となるか，②最適な空間スケールをどのように設定し，地域内外の多様な資源をどのように活用するかについての検討が不可欠である。

　前章で検討した通り，中通島を中心とする新上五島町では，医療再編が先行した。病床を有していた四つの医療施設が無床の診療所となり，入院機能をもつ医療施設は，中心集落（上五島地区）に立地する上五島病院に集約された。すなわち，長崎県病院企業団の県スケールの事業展開という，上位スケールでの事象が，二次医療圏という下位スケールの医療再編に影響を及ぼした。しかし，この医療再編がさらに下位のスケールである，日常生活圏域のケアにどのような影響を及ぼしたのかについては明らかにされていない。新上五島町では，合併前の旧5町が日常生活圏域に相当するとして，整備計画等が推進されている。しかし，医療再編によって，相対的に少ない人口が分散的に分布する町内遠隔地における受療行動や，訪問看護や訪問介護といった在宅生活を支えるためのケアにどのような変化がみられたか検討する余地が残されている。

　従来の地理学では，公共サービス，食料品，医療，福祉といった個々のサービス供給の地域差とその要因の抽出に関する研究の蓄積がある（中村，2011；畠山，2012，2016；宮澤，2012；岩間編著，2017；佐藤・前田編，2017）。ただし，社会保障の分野に限っても，住民は日常生活を維持するため，医療，介護，介護予防，住まいおよび生活支援など，地域包括ケアに含まれる複数のケアについて，提供される範囲内で選択的に利用している。そのため，それぞれ異なるスケールで展開される事象間の結びつきを検討しなければ，日常生活圏域における地域包括ケアの全体像をとらえることはできない。こうしたアプローチは，地域包括ケアシステムを構築するための地理的条件を考

察することにも寄与するものと考えられる。

　そこで本章は，医療再編が先行した長崎県新上五島町を事例に，受療行動や訪問看護および見守り事業を中心として，医療再編が日常生活圏域のケアに与えた影響を検討することを目的とする。調査方法は，新上五島町内に立地する病院，介護サービス事業所，役場，地域包括支援センターおよび通院患者や介護サービス利用者に対して2015年12月に実施した聞取り調査，および提供資料に基づく，介護サービス事業所および介護サービス利用動向の実態分析である。

　以下，第2節において，対象地域の概要と住民の生活状況を概観する。第3節では，介護サービス供給体制と介護サービス利用者の動向を明らかにする。第4節では，人工透析の通院，訪問看護，一人暮らしの高齢者の孤立を防ぐ対策を中心に，医療再編によるケアへの影響について考察する。最後に，第5節では，調査から得られた知見を整理するとともに，地理学からのインプリケーションを示す。

2. 住民の生活状況

　本章の対象地域である新上五島町は，江戸時代にはキリシタンの潜伏場所となり，厳しい弾圧から信仰を隠した潜伏キリシタンの地として知られている（宮崎，2001）。現在，カトリック信徒は町民の約4分の1を占め，全国の市町村で最も高い割合となっている（松井・小島，2007）。同地域における宗教関係は，個人を単位とするものではなく，親族関係，地縁関係に依拠する日常的な会合を基盤にする関係性で，その特徴は，信仰が宗教領域に限定されず生活の諸領域に関与していることにある[2]（叶堂，2011）。

　2015年度における新上五島町の財政力指数は0.25と，長崎県平均の0.38と比較して低く，自主財源に乏しいために地方交付税などに大きく依存した財政構造となっている。

　上記した通り，新上五島町では医療再編によって，3カ所の病院と，2カ所の有床診療所の入院機能が，上五島病院に集約された。その結果，人口

表8-1 医療資源と患者の状況

	新上五島町		同規模町		長崎県		全国	
	数	人口千対	数	人口千対	数	人口千対	数	人口千対
病院数	1	0.1	3	0.4	159	0.4	8,078	0.3
診療所数	21	2.9	34	4.4	1,423	3.3	93,404	3.2
病床数	186	25.6	541	69.8	27,124	63.8	1,487,829	50.6
医師数	35	4.8	76	9.8	4,065	9.6	228,161	7.8
外来患者数		548.0		805.8		694.4		638.4
入院患者数		26.6		23.9		26.9		18.0
1件あたり介護給付費(円)		78,395		65,293		63,327		61,553
居宅サービス		50,997		41,599		44,364		40,587
施設サービス		275,750		283,210		286,508		286,507
要介護認定あり医療費		9,703		8,496		7,947		8,087
要介護認定なし医療費		4,758		3,765		3,869		3,755

資料：新上五島町（2015a）より作成。

1000人あたりの病院（0.1），診療所（2.9）や病床数（25.6），医師数（4.8）は，いずれも同規模町や長崎県と比較してきわめて低い（表8-1）。人口1000人あたりの外来患者数は548.0人と全国的にみても少ないが，入院患者数は26.6人と全国平均（18.0人）や同規模町（23.9人）より多く，長崎県平均（26.9人）と同様である。また，介護サービスに関して，1件あたりの介護給付費，人口1000人あたりの施設数は，同規模町，長崎県平均および全国平均と比較して高い。ただし，介護給付費のうち，施設サービス費は相対的に低いものの，町内に新整備計画はないため，現状のまま推移する見込みである。その一方，居宅サービスは相対的に高く，とりわけ，訪問看護，短期入所生活介護，福祉用具貸与が増加傾向にある（新上五島町，2015a）。

新上五島町が実施した日常生活圏域ニーズ調査の結果を表8-2に示す。日常生活における手段的自立度について，有川地区（15.9%）が最も自立度が低いと判定された人が多く，次いで上五島（15.1%），新魚目（14.4%），奈良尾（13.5%），若松（12.6%）の順となっている。社会参加の程度を測る指標である，知的能動性と社会的役割について，奈良尾における低下者の割合がそれぞれ43.5%，35.1%と他地区と比較して高くなっている。

家族構成や生活状況について，一人暮らしの割合は奈良尾で30.8%と最

第 8 章　離島の医療再編による日常生活圏域のケアへの影響

表 8-2　旧町別にみた家族構成および生活状況

単位：％

	生活機能低下者の割合			家族構成		
	手段的自立度	知的能動性	社会的役割	一人暮らし	家族などと同居	その他（施設入居など）
新上五島町	14.6	40.4	33.9	27.2	70.6	2.1
有川	15.9	40.7	34.5	25.6	73.5	0.9
上五島	15.1	37.8	34.1	25.5	71.8	2.8
奈良尾	13.5	43.5	35.1	30.8	66.8	2.4
新魚目	14.4	38.3	34.4	27.4	70.1	2.5
若松	12.6	43.4	31.3	29.4	68.0	2.6

	介護・介助者							
	配偶者	息子	娘	子の配偶者	孫	兄弟姉妹	ヘルパー	その他
新上五島町	25.1	12.2	21.0	8.3	0.4	1.6	23.9	7.5
有川	26.0	11.3	24.0	14.0	0.0	0.0	16.7	8.0
上五島	24.2	14.0	17.2	6.4	0.0	1.3	28.7	8.3
奈良尾	22.5	9.9	23.9	4.2	0.0	4.2	25.4	9.9
新魚目	20.0	15.3	24.7	7.1	1.2	2.4	24.7	4.7
若松	31.9	9.6	17.0	6.4	1.1	2.1	25.5	6.4

	介護・介助者の年齢				経済状況			
	65歳未満	65～74歳	75～84歳	85歳以上	苦しい	やや苦しい	ややゆとりがある	ゆとりがある
新上五島町	57.7	19.6	15.4	7.3	18.4	44.8	33.4	3.3
有川	59.2	19.7	13.4	7.7	18.4	45.5	32.3	3.7
上五島	58.9	17.8	16.4	6.8	19.5	45.9	31.0	3.5
奈良尾	50.0	26.6	14.1	9.4	14.9	37.1	44.7	3.3
新魚目	64.3	20.0	11.4	4.3	13.4	45.7	38.0	2.9
若松	53.6	16.7	21.4	8.3	25.0	47.6	24.4	3.1

注：手段的自立度は請求書の支払いや預貯金の出し入れなど比較的高レベルの動作など，知的能動性は新聞を読むなど知的活動に対する関心度など，社会的役割は近所付き合いの程度など社会との関わりの積極性をそれぞれ測る指標である。
資料：新上五島町（2015b）より作成。

も高く，日中 1 人になることがある人の割合は，若松で相対的に高い値（79.3％）を示す。要介護や介助の割合は，若松で 27.6％ と最も高く，配偶者（夫・妻）が介護や介助をしている割合が他地区に比べて高い。現在の暮

らしの状況が苦しいと回答した人の割合は，町全体では63.2%である。地区別にみると，若松（72.6%）は他地区を大きく上回る。

このように，町内においても生活状況に地域差が認められる。とりわけ，奈良尾地区では，単身かつ社会とのかかわりが希薄な世帯が多い。また，若松地区では，配偶者による要介護や介助を受けているものの，日中は1人になることが多く，経済的困窮を抱える世帯が多い。このことから，人口密度が低く交通利便性の低い両地区では，他地区と比較して，自宅における介護を含めた生活支援ニーズがより高いことが示唆される。

3. 介護サービス供給体制と利用者の動向

3-1. 介護サービス供給体制

2015年6月現在，新上五島町には延べ46の介護サービス事業所が立地している（表8-3）。運営主体別に事業所数を概観すると，株式会社は人口が稠密な上五島地区に集中立地している傾向がみてとれる。これに対して，社会福祉法人や社会福祉協議会は，地区ごとに分散立地している。ただし，サービスのタイプによっては事業所が存在しない地区が散見される。

サービスのタイプ別にみると，居宅サービスのうち，訪問看護を実施する

表8-3 運営主体別にみた介護サービス事業所数

		上五島				有川				新魚目			
		株式	社福	社協	その他	株式	社福	社協	その他	株式	社福	社協	その他
居宅	訪問介護	1		1				1	1			1	
	訪問看護				1				1				
	通所介護	2	1	1		1	1			1	1		
	短期入所生活介護		1				2				2		
地域密着型	認知症対応型通所介護	1	1						1				
	認知症対応型生活介護	1	1	1					2				
	小規模多機能型		1										
	施設		1				2				2		
	合計	5	6	3	1	0	5	2	5	0	5	2	0

資料：新上五島町の介護保険利用ガイドより作成。

事業所は，上五島地区の上五島病院，有川地区のNPO法人（ホームホスピス・オハナ）のみである。その他に，奈良尾地区において，奈良尾医療センターによるみなし看護が提供されている（図8-1a）。新魚目，若松地区に訪問看護を提供する事業所は立地していないため，その他の地区に立地する事業者が提供する訪問看護サービスに依存せざるをえない。新魚目地区は上五島病院とNPO法人，若松地区は奈良尾医療センターの訪問看護対象地域となっている。

訪問介護を提供する事業所のうち，法人企業は巡回する効率を考えた立地を指向する傾向があり[3]，実際に，上五島地区にのみ株式会社が立地している。社会福祉協議会が各地区に1ヵ所立地する以外に，上記のNPO法人が有川地区において訪問介護を実施している。

通所サービスについて，2011年，通所介護と短期入所生活介護を同時に提供する事業者が新魚目と若松地区において事業を開始したことによって，事業所の立地は分散した。ただし，訪問介護と同様に，株式会社は上五島地区にのみ参入している。また，上五島，新魚目，有川地区では，1ヵ所で複数の通所サービスを提供する事業所が多いため，利用者にとって利用可能なサービスが多いことがみてとれる（図8-1b）。

地域密着型サービスを提供する事業者は，運営主体によらず上五島地区に集中しており，アクセスにおける地域差が大きい（図8-1c）。とりわけ，新魚目，奈良尾，若松地区には従来，地域密着型サービスを提供する事業所が立地していなかった。2010年，奈良尾と若松の両地区に，小規模多機能型居宅介護事業所が新たに整備された。小規模多機能型居宅介護は，施設への通いを中心に，短期間の宿泊や自宅へ

奈良尾				若松				合計
株式	社福	社協	その他	株式	社福	社協	その他	
	1	1			1			8
			1					3
		1			1			10
	1				1			7
								3
								5
1				1				3
	1				1			7
1	3	2	1	1	3	1	0	46

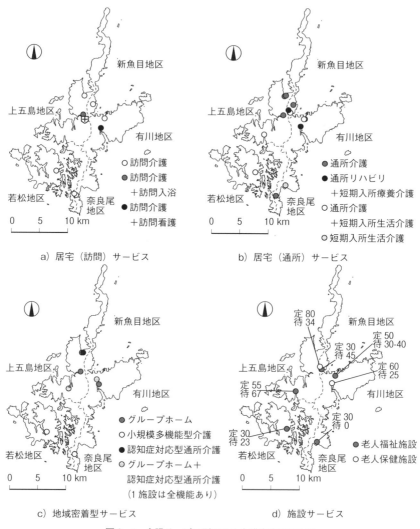

図8-1 介護サービス別にみた介護事業所の立地
資料：新上五島町の介護保険利用ガイドより作成。

の訪問を組み合わせた介護サービスである．これによって，介護事業所の分布の偏りは改善されたものの，その隔たりは依然として大きく，サービスの内容も限定されている．

施設サービスを提供する事業所は，地区ごとに1カ所以上立地している。しかし，待機者がみられないのは，奈良尾地区の老人福祉施設のみで，それ以外の施設では，待機者20人以上を抱えている（図8-1d）。このことから，現状では奈良尾地区以外の地域において，施設サービスのニーズに対して，供給不足の状態にあることがわかる。また，2カ所の介護老人保健施設には，1人の常勤医師がおり，看護師の配置人数が多く，リハビリ専門職の配置も義務付けられている。一方，介護老人福祉施設では，非常勤の医師でも健康管理や療養指導を行うために必要数が配置されていればよく，看護師の配置人数も少ない。たとえば，有川地区の介護老人福祉施設には医師が不在で，有川医療センター所属の嘱託医師1人が週1回，往診を実施している。また，看護師について，昼間は1人が常駐するものの，夜間は不在で緊急時に対応できるよう自宅で待機するのみである。そのため，介護老人福祉施設の場合は医療行為の実施に備えた医療機関との連携が不可欠である。実際に，有川地区では有川医療センターや上五島病院，上五島地区と新魚目地区では上五島病院，奈良尾や若松地区はそれぞれの国保診療所が協力医療機関に指定されている。各地区に立地する事業者が該当地区の医療機関と協力する体制は，他の施設サービスや通所サービスにおいても同様である。

3-2. 介護サービス利用者の動向

要支援・要介護認定者数は2008年以降，総じて増加傾向にあり，2014年3月現在で1639人を数える。このうち，要支援と要介護1および2をあわせた軽度者の割合が，68.0%を占め，その割合は年々増加傾向にある。認定者出現率も増加傾向を示しており，2014年3月現在，21.6%と，長崎県の数値（22.7%）は下回るものの，全国平均（18.2%）より高い。認定率に影響を与える要因として，先行研究では，後期高齢化率，居宅サービス事業所数，介護保険施設収容定員比率などが指摘されている（田近・油井，2004；古川・内藤，2016）。役場への聞取り調査によると，新上五島町において，要支援・要介護認定率は介護サービス事業所件数と関連しているという。実際に，事業所数が多い有川，上五島地区では，介護サービス利用者による口づ

てによって，潜在的要支援・要介護認定者による認定申請とサービス利用が増加しているという。

　次に，要介護度別の介護サービスの利用動向について概観する。居宅サービスのうち，データが入手できた訪問介護の利用者について，要介護度2までの軽度者が大半を占めている。短期入所生活介護についても同様の傾向にあるが，要介護3以上の重度者を受け入れる施設も見受けられる。その多くが施設入所を希望する待機者と考えられる。一方，訪問看護について，データが得られた上五島病院の利用者は35人を数え，このうち，要介護度3以上の重度者が26人と利用者全体の74.2％を占める。

　地域密着型サービスについて，3カ所の小規模多機能型居宅介護事業所の利用者は計73人である。しかし，役場によると，長期にわたる宿泊機能に特化した利用形態が多くなっているという。

　施設サービスについて，老人保健施設および介護老人福祉施設ともに，要介護度3以上の重度者の割合が高い。特に，後者について介護保険法の改正によって，2015年4月以降，原則としてより高い介護が求められる要介度3以上の要介護者に新規入所が制限された。このことから，今後ますます重度者の利用割合が高まると推測される。新上五島町における施設サービスの待機者は，町外にいる家族への転居および死亡の増加を背景に，243人（2014年6月）から218人（2015年4月）に減少したが依然として解消の目途はたっていない。一方，介護従事者の不足に加えて，施設の新規立地の見込みもない。このことから，待機者のなかには，やむをえず，短期入所生活介護や小規模多機能型居宅介護を長期間利用するケースが少なからずみられる。

　新上五島町ではカトリック信徒の割合が高いことから，類縁関係，地縁関係，親族関係の重複によって，生活の共同が実践される地域がみられる（叶堂，2011）。こうした宗教的要因が関係して，看取り（終末期ケア）に関して，施設への入所よりも在宅ケアのニーズが高い[4]。実際に，2011年度から2013年度における施設サービス費の伸び率が減少傾向にあるのに対して，訪問看護サービス費の伸び率が137％をはじめ，居宅サービス費の伸び率が増加傾向にある（新上五島町，2015a）（表8-4）。ただし，介護従事者の不足

表8-4 2011年度～2013年度の介護サービス費伸び率

		2011-2013年度伸び率
居宅サービス費	訪問介護	111.6%
	訪問入浴介護	122.7%
	訪問看護	137.1%
	短期入所生活介護	126.4%
	福祉用具貸与	129.6%
施設サービス費	介護老人福祉施設	98.5%
	介護老人保健施設	98.9%

資料：新上五島町（2015a）より作成。

のために実際には施設での死亡数が増えている[5]。

4．医療再編による日常生活圏域のケアへの影響

本節では，医療再編による影響が大きかった人工透析患者の通院，訪問看護，ひとり暮らしの高齢者の孤立を防ぐ対策について，ニーズの変化とサービス供給主体の対応を検討する。

4-1．人工透析の通院

新上五島町によると，医療費に影響の大きい疾患別の1件あたり医療費と在院日数について，入院では脳血管疾患が57万9597円と最高額を示し，在院日数では精神疾患が23日と最長である（新上五島町，2015a）。同町には精神科の入院病床がなく，精神科医も常勤していないことが入院の長期化の理由と考えられる。外来では，人工透析が必要となる腎不全が16万2362円と突出している。続いて，心疾患（4万3013円），脳血管疾患（4万2084円），腎不全を引き起こす基礎疾患である糖尿病（3万8993円），高血圧症（3万5279円），脂質異常症（3万2403円）の医療費の割合が高い。透析者の3分の1の原因となる疾患が糖尿病性腎症であり，脳血管性疾患や虚血性心疾患を併発している。

人工透析を実施するための病床は従来，旧有川病院（14床），上五島病院

表8-5 人工透析のための病床の変化

	人工透析開始年月	再編前	再編後
旧有川病院 現有川医療センター	1978年11月	14床	20床
上五島病院	2000年8月	10床	10床
旧奈良尾病院 現奈良尾医療センター	1997年9月	4床	無床化

資料：上五島病院ウェブサイトおよび長崎県離島医療圏組合（2009）より作成。

(10床)，旧奈良尾病院（4床）の3カ所に設置されていた（表8-5）。医療再編後，人工透析の病床は有川医療センター（20床）と上五島病院（10床）に集約され，奈良尾医療センターでは人工透析用のベッドが廃止された。同時に，上五島病院では，初めて透析を開始する患者，特殊な透析および入院治療が必要な患者のための急性透析を，有川医療センターでは，外来通院の定期透析患者を対象とする慢性透析を実施することで，透析のタイプに応じて機能を分担している。上五島病院の透析室では，2000年8月の開設当初，透析装置6台を使用して，2人の看護師が2人の患者をケアしていた。現在，透析装置10台を導入し，看護師4人，臨床工学技士2人，助手1人が27人の患者をケアしている[6]。

一方，遠隔地に居住する人工透析の外来患者にとって，通院のための交通手段の確保が課題となっている。特に，奈良尾医療センターにおける人工透析のための病床の廃止によって，奈良尾地区では，人工透析が受けられる医療機関がなくなった。そのため，週3日30分以上かけて上五島病院に通院する患者が生じた。そこで，新上五島町は2014年以降，人工透析療法を受療している患者の経済的負担を軽減するため，通院距離が往復30km以上の通院に要した交通費の助成を行っている[7]。第一に，自家用車等の利用者は通院にかかる距離に応じて交通費の一部が補助される。通院にかかる往復の距離が30km以上50km未満の場合は受診1回につき350円，50km以上の場合は同700円が補助される。

第二に，新上五島町が道路運送法第78条に基づく市町村運営有償運送

（福祉輸送）の登録を行った車両により，社会福祉協議会への委託のもと，奈良尾地区の人工透析患者に限定した介護タクシーが開始された。町は介護タクシーを利用する患者に介護タクシー利用助成券を交付しその全額を補助する。奈良尾地区からの往路では社会福祉協議会奈良尾支所が配車し，医療機関からの復路では，管轄する支所が配車する。送迎後はそれぞれの支所へ戻る。社会福祉協議会が介護タクシー事業を受託したきっかけは，それまで介護タクシーを運用していた民間業者の事業撤退を受けて，2007 年に役場から事業引き継ぎの依頼を受けたことである。現在，新上五島町内の透析患者は 60 人程度で，奈良尾地区に居住する 8 人の患者がサービス利用対象者である。サービス実施日は月曜日から土曜日（休診日の日曜日以外）であるが，社会福祉協議会によると，すべての利用日時において利用者がいる状態であるという。

　聞取り調査ができた人工透析患者の通院パターンは以下の通りである（図 8-2）。当該患者（72 歳）は奈良尾地区に居住し，人工透析を受けるため，週 3 回上五島病院を受診している。40 歳に腎臓病を患って以降，毎月長崎市へ通っていたが，約 1 年前から透析を受けるようになった。人工透析に必要な水分制限が不十分なために，最近，1 回あたりの人工透析にかかる時間が 3 時間から 4 時間に伸びた。送迎には片道 40 分を要する。1 日の受療行動をみると，行きは 7 時 20 分に自宅を出発し，8 時に上五島病院に到着する。院内の人工透析室で 4 時間の人工透析を受ける。帰りは 13 時 10 分に病院を出発し，14 時前に帰宅する。

　この患者は介護タクシーによる交通利便性の改善に感謝していた。ただし，上五島病院までの運行ルートは，起伏が大きく蛇行する道路を多く含む。そのため，往復の通院にかかる肉体的，精神的な負担が大きいことを訴える患者がみられる。

　このように，通院にかかる費用助成や介護タクシーの運行は，交通利便性の改善に寄与する取り組みである。ただし，受療行動は患者自身の物理的移動をともなうがゆえに，遠隔地に居住する患者にとって，交通利便性の改善では解消しえない肉体的，精神的負担が依然として大きい。

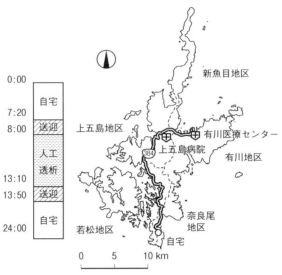

図8-2　人工透析患者の通院パターン
資料：聞取り調査より作成。

4-2. 訪問看護

　医療再編後，訪問看護サービスの供給に大きな変化がみられた。医療再編以前の3病院は，在宅患者に対して，月に1回訪問看護を実施していた。現在，人材確保と事業採算性の点から，訪問看護機能は訪問看護ステーションに集約されている。一方，訪問看護サービスの拠点として，有川および奈良尾地区における，訪問看護サービスの開始によって，奈良尾地区以外では，二つの訪問看護サービスがカバーする態勢が整えられた（図8-3）。

　上五島病院では訪問看護ステーション専属の看護師6人（常勤職員5人，非常勤職員1人）が，奈良尾地区以外の利用者35人に対して訪問看護を実施している。看取りでは週3～5回，それ以外では週1回の訪問頻度であり，訪問診療についても看取りで週に2～3回，それ以外では週1回の頻度で行われている。1日あたりの訪問患者は4～6人である。ただし，ステーションを運営するには，常勤換算で2.5人の看護師が必要となるが，1回あたりの診療報酬が下がることに加えて，公的機関による雇用では人件費が高いた

め，訪問看護事業単体では赤字になるという[8]。

実際に，奈良尾地区に立地する奈良尾医療センターは，無床診療所になったあとの2011年9月，訪問看護ステーションを設置し，訪問看護のみを行う看護師を配置した。しかし，採算の悪化のために，2013年4月以降，訪問看護ステーションを廃止した。その代替措置として，外来を担当する看護師が，外来診療後に若松，奈良尾両地区の12人に対して訪問看護を行う，みなし訪問看護に切り替えられた[9]。奈良尾地区における採算の悪化の理由として，訪問看護にかかる報酬が低いという制度上の問題以外に，利用者の分布密度が小さいことに起因する移動効率の低さも関係していると推察される。

一方，有川地区では，上五島病院の元看護師が2011年，NPO法人のヘルパーステーションを併設したホームホスピスを開設した。寺院内にある家屋

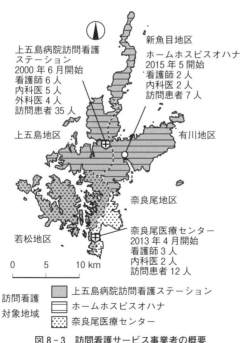

図8-3 訪問看護サービス事業者の概要
資料：上五島病院への聞取り調査より作成。

を借りて，6人に対して終末期ケアを行っている。また，2015年5月以降，3人の看護師が有川，上五島，新魚目地区に居住する13人（うち施設外は7人）の利用者に対して，訪問看護を実施している。上五島病院の勤務経験が縁となって，昼間は有川医療センター，夜間は上五島病院の医師に看取りを依頼している。

ただし，訪問看護事業単体による黒字の確保はきわめて難しく，他の事業による収益を確保しなければ訪問看護サービスの維持が困難であることが示唆される。

4-3. 一人暮らしの高齢者の孤立防止に向けた取り組み

前述の通り，2015年4月以降，介護老人福祉施設への新規入所は，要介護度3以上の利用者に制限された。施設入所を希望する待機者は依然として多いものの，施設の新規立地に向けた動きはみられない。また，医療再編によって，入院病床の総数が削減されるとともに，上五島病院にのみ集約された。このことから，しばらくは入院や入所を希望する待機者が解消される見込みはない。施設サービス事業者によると，今後，事業運営の安定性を確保するためにも，中重度者は施設サービス，軽度者は居宅サービスというように，要介護の程度によって利用可能なサービスを分けなければならない可能性があるという。

その場合，軽度者は，居宅サービスの利用を前提とした，自宅での生活を求められることになる。そこで，社会福祉協議会によると，認知症の症状が現れているものの，要支援認定者であるために予防サービスしか受けることができない利用者への対応が課題となっている。予防サービスの利用頻度は週1～2日のみで，利用日以外には介護保険による付き添いの機会はない。そのため，適切な服薬ができているかどうかを確認することが困難であるという。

加えて，介護サービスを利用しないながらも，認知症の疑いのある一人暮らしの見守りが必要な高齢者への対応が課題となっている。日常生活における安否の確認がますます困難になっている背景には，従来のようなイン

フォーマルなサポートの基盤となっていた類縁関係，地縁関係，家族関係の希薄化によるところが大きいと考えられる。

　こうした状況に対処するため，新上五島町は高齢者見守りネットワーク事業を実施している。この事業は高齢者が住み慣れた地域で安心して生活できるよう支援することを目的としており，地域包括ケアシステムの充実にも資する取り組みである。

　同事業は2011年3月に組織化され，協力事業所100カ所および見守り協力員45人によって6地区で開始された。新上五島町高齢者見守りネットワーク事業実施要綱によると，協力事業所は高齢者見守りネットワーク事業に賛同し，業務中におけるさりげない見守りの活動を実施する。見守り協力員は，町内の自治会および新上五島町民生委員児童委員協議会から推薦された者ならびに公募に応じた町民のうちから，町長が見守り協力員台帳に登録し，日常生活において声かけや見守りを行う。2015年6月現在，102カ所の事業所及びボランティア団体とともに，46人の見守り協力員が中心となって，8地区の一人暮らし高齢者等96人の見守りを行っている（図8-4）。

　協力事業所には，日本郵便（郵便局）やガソリンスタンドなどが含まれる。配達の実施が業務中の数少ない見守りの機会となる。しかし，事業所の業務に配達が含まれない事業所にとっては，見守り活動の機会が限られる。したがって，役場によると，協力事業所の事業内容によって，事業所間の見守り活動の程度における差は大きいという。

　見守り協力員の登録者は，近隣の地域住民が中心となっている。毎月1回見守りネットワーク活動状況報告書を提出することになっている。しかし，報告書を提出していない協力員も存在するうえ，提出頻度も低いため，見守りの機能が十分に果たせていない。また，図8-4に示す通り，対象地区は比較的人口規模の大きい中心部の集落で構成される。中心部の集落では人口密度が高く，協力員の密度が高いうえに，協力員の自宅と見守り対象者の自宅との距離が近い。しかし，周辺部では見守り協力員が不足しているうえ，見守り対象者の自宅までの距離が遠いことから，高齢者見守りネットワーク事業の対象地区にはなりにくいことがうかがえる。

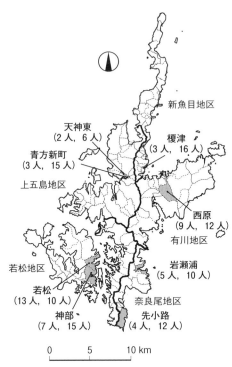

図8-4　高齢者見守りネットワークの対象地域
注：括弧内は左から見守り協力員，利用者の人数を示す
資料：新上五島町高齢者見守りネットワーク発行の資料より作成。

　そこで，離れて暮らす家族のなかには，高齢者の見守りを目的として，必ずしも必要ではない配食サービスをあえて依頼するケースがあるという。役場では，65歳以上の高齢者のみの世帯や見守りが必要かつ買い物や調理が困難な高齢者を対象に，1日1食の配食サービスが実施されている。それ以外にも，島外の配食会社が参入するほど，配食サービス全体の利用件数は伸びているという。

　さらに，町内2カ所の事業者が生活必需品を購入することが困難な一人暮らしの高齢者に対して，買い物支援事業を実施しているが，利用件数は伸び悩んでいるという。登録者256人のうち，利用者は100人で，未利用者のうち，転居などの事情がある58人を除外しても，登録者の多くが利用に至っていない。役場によると，事業者の資本力が小さいため，配送効率の点から，点在している周辺部の集落は配食サービスの提供範囲外になっている可能性があるという。

4-4．地域包括ケアシステムの構築に向けた課題

　従来，包括的・継続的マネジメントにおける主治医やケアマネージャーなどの多職種の連携による高齢者等の支援困難事例への指導・助言や地域でのネットワークの構築が行われなかったという問題を受けて，2012年度から

厚生労働省が推進する地域包括ケアシステムのモデル図のなかに上記の機能を担う「地域ケア会議」が位置付けられ，さらにそれを強化すべく2015年度の介護保険制度改正によって「地域ケア会議」が法定化された（畠山，2016）。

地域ケア会議は，高齢者の個別課題に対して，医療や介護などの多職種が共同して解決を図るとともに，高齢者の自立支援に資するケアマネジメントの支援を行うものである（畠山，2016）。新上五島町では，2015年秋期以降，日常生活圏域単位で実施される地域ケア会議において，支援困難事例等の問題の解決に向けた検討が行われている。たとえば，上五島地区では2015年12月現在，医療・介護・保健従事者に加えて，役場職員や関係住民を構成員とした地域ケア会議が2回実施され，ボランティアの活用も含めて要支援者への対応策が個別具体的に議論された。こうした取り組みによって，生活支援を享受するための多職種の連携のあり方について，関係者による合意形成が期待される。

ただし，奈良尾や若松といった縁辺地域は，医療および介護サービス事業者にとって経営効率が悪いためにサービスへのアクセシビリティが低い。そこで，類縁関係，地縁関係，親族関係に基づくインフォーマルなサポートへの依存度を高めざるをえないが，これらもまた希薄化しているため，過度な期待はできない。

いち早く対処すべき個々の事例について，短期的には，民生委員やボランティア，友人・知人や近隣住民など利用しうる潜在的なサポート資源を掘り起こす作業が求められる。しかし，中長期的には，自宅療養と入院・入所との間に多様な「住まい」の形態が用意されるとともに，さまざまな医療・介護サービスのメニューの中から患者のニーズや家族の実情等に応じて必要なサービスを選択できるという条件を整備する必要がある（島崎，2011）。

以上の諸点は，日本で現在，進めようとしている地域包括ケアシステムの構築に向けた課題に通じる。すなわち，①単一的な医療観・医療モデルを改め，②生活を支えるという視点に立って，生活の基盤である住まいや必要な保健・介護・福祉サービスを適切に提供し，③患者の病態が夜間に急変する

といった，患者の状態の変化に柔軟かつ即時的に対応することである（島崎，2013）。

5. 小括

　本章は，医療再編が先行した長崎県新上五島町を事例に，町内遠隔地における受療行動や，訪問看護や訪問介護といった在宅生活を支えるためのケアにどのような変化がみられたか検討した。事象間の結びつきに注目して，医療再編後に変化したケアを図 8-5 に整理した。

　三次救急の重症患者や精神疾患について，町内に必要な医師が不在で設備も整備されていないことから，町外の大病院に依存している。医療再編以前，町内では有床医療機関が入院機能や訪問看護機能をもつことで，医療システムはそれぞれの日常生活圏域内でほぼ完結していた。

　しかし従来，奈良尾や若松地区では，教育や介護を含めた生活支援のための拠点が不十分であり，少子高齢化が急速に進展するとともに生活状況もより厳しい傾向にあった。こうした状況下において，医療従事者の労働条件を改善するため，町内の入院機能が上五島病院に集約された。また，医療再編と前後して，救急ヘリによる島外への搬送や，島外の医療関係機関と情報を共有するための医療情報ネットワークを介して，島外に立地する大病院との連携が強化された（第 7 章）。医療分野では，医療機能に応じた階層的な供給体制が指向された結果，上五島病院に意思決定の権限が集中するとともに，人工透析外来へのアクセスにおける地域差が拡大した。これに対して，町は奈良尾地区の人工透析患者への交通費の補助や介護タクシー事業の委託を通じて，アクセスの公平性の確保に努めた。

　介護分野では，NPO 法人による訪問看護サービスの新規事業の展開や，奈良尾医療センターによるみなし看護の維持が，町内全域の訪問看護ニーズに対応した。また，奈良尾，若松両地区における小規模多機能型居宅介護事業の開始は，一部の介護ニーズの受け皿となった。さらに，近隣住民や事業者が一人暮らしの高齢者を見守る事業の実施を通じて，町が生活支援に一定

第8章　離島の医療再編による日常生活圏域のケアへの影響

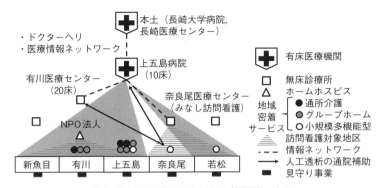

図8-5　新上五島町における医療再編後のケア
資料：筆者作成。

の役割を果たした。これらは住み慣れた地域における生活の継続を可能とする取り組みとして評価できよう。

　実際に，新上五島町では，カトリック信徒が多いという歴史的経緯から，居宅サービスに対する需要は高い。ただし，介護や看護に関わる人員や，ボランティアの不足によって，日常生活を送るための周辺性の克服における限界もまた明らかになった。人口低密度地域ほど，ボランティアや民生委員といった地域住民による支援が期待しにくく，事業採算性が低い。そのため，各旧町内の中心集落以外において，見守りによる支援が必要な認知症の独居高齢世帯への対応の困難性が明らかになった。

　上位スケールのコストや医療従事者の勤務環境を優先した医療機能の集約化によって，下位スケールである外来医療，介護，生活支援といったケア領域のニーズが増大したが，地理的条件がより不利な地域では，患者や家族の事情や需要に応じた多様かつ手厚いサービス体制の整備が課題となっている。今後，日常生活圏域を地理的単位とする現在の地域包括ケアシステムのあり方とは異なって，インフォーマルなサポートの可能性と限界を見極め，生活圏域間や島外の資源の活用も視野に入れた空間スケールの設定について再検討する余地がある。

　本章は，新上五島町というきわめて限られた地域における事例分析に過ぎない。しかし，少子高齢化に直面する他の条件不利地域においても，本章と

共通の問題を抱えているものと考えられる．今後，個々の地域特性を踏まえた地域包括ケアシステムを考えるにあたって，日常生活圏域内の地域差のみならず，スケール間の事象の結びつきを考慮に入れた，圏域内外の資源のネットワーク化とそのマネジメントが求められる．以上を検討することは，個々の事例をより広い理論的枠組みにおいて位置付けるとともに，地域包括ケアシステムを実現するための戦略を具体的に提言するために必要であろう．

結論

　結論では，第3章から第8章までの事例研究で得られた知見を整理する。そして，従来のICTに関する地理学的研究を踏まえて，ICTが受容された医療システムの空間スケールについて考察する。

1．ICTの受容過程

　各事例で取り上げたICTの受容過程には以下の共通点がある（表結-1）。短期間の環境激変を契機としてニーズが不安定になったにもかかわらず，従来継続されてきたサービス供給の停滞は許容されない。そのため，限定された地域において，主体間の役割分担の再構築の必要性が生じた。こうした事情が，主体間における従来の競争関係を超えて協調戦略が採用される背景となっている。しかし，協調を成功させるためには，情報ネットワーク構築を主導した主体が，参加者を情報ネットワークに参加させるためのインセンティブを用意する必要がある。その手段の一つとなっているのは，地域医師会や地域薬剤師会といった職能団体との協調である。各事例において，利害を調整するプレーヤーとして，地域医師会や地域薬剤師会の存在が指摘できよう。医療サービスにおいては，開業医の利害を代表する地域医師会，薬局薬剤師の利害を代表する地域薬剤師会が職能団体として活動してきた。こうした団体は組織間の利害調整に主体的な役割を果たしている。このことはICTがどういった地域にどのように受容されていくかを考察する際に，地域によって異なる組織の活動や利害といった地域的文脈を考慮することの重要性を示している。

　地域共通の電子カルテを導入した事例では，中核病院は入院機能を強化する一方，外来医療や入院治療後の経過観察を目的とした患者を他の医療関係機関に分散させる必要があった（第3章・第4章）。これら機関との従来の競

表結-1 医療システムにおけるICTの受容過程

ニーズの安定性	高い	→	低い
競争か協調か	市場競争	→	利害調整
機能の分散度	全機能の抱え込み	→	役割分担
仲介者の役割	小	→	大
参加者のリスク	小	→	大
地域スケール	特になし	→	特定の地域

資料：筆者作成。

争関係を超えて，診療所や薬局などの医療関係機関を参加させる契機として，地域医師会や地域薬剤師会との協調があった。医療情報ネットワークの展開にあたって，これらの職能団体が中核病院と協調したことは，中核病院から会員たる他の医療関係機関への積極的な患者の逆紹介を期待することにつながった。

在庫情報を共有するための情報ネットワークを導入した事例では，地域薬剤師会や主導的な薬局は，医薬品需要の分散化にともなって増える在庫を抑制する必要があったことから，保険薬局の共通の利害を代表する役割を担った（第5章）。さらに，全面的な医薬分業を実現した事例では，医薬品卸は特定の地域における医薬品の小分け配送体制を構築する必要があった（第6章）。地域薬剤師会はシステムの有効性と安全性を検証したり，医薬品卸との協調によって，保険薬局に医薬品の安定供給を保証したりした。こうした取り組みによって，保険薬局は在庫リスクに対する不安を解消した。

島外の医療機関と医療情報ネットワークを通じて診療情報を共有した離島の事例では，島内では財政運営適正化のために，他地域から医師派遣やドクターヘリによる搬送，高度専門医療，遠隔画像診断といった支援が必要であった（第7章）。健全な医師の勤務環境と経済性の確保を優先した長崎県病院企業団が，長崎県，本土医療機関，関係市町と協調することによって，ICTの活用と救急搬送体制の確保が可能になった。しかし，島内の縁辺部では，外来医療，介護，生活支援といった新たに生じたニーズへの対応が課題となっていた（第8章）。

2. ICT を活用した医療システムの空間スケール

　本節では，ANT を援用して，特定の地域に ICT が受容されていく過程をより一般化して議論したい。そのために，マードックが用いた「規定（prescription）」と「交渉（negotiation）」という概念に依拠して，ネットワークの異質性と対称性原理，本書の事例に照らし合わせれば，ICT と社会関係との相互作用を明らかにしたい。マードックは，利害調整のプロセスが完全に実現し，安定している「規定の空間」と，アクターと仲介者（intermediary）とのつながりが暫定的で分裂しており，さまざまな構成要素が再交渉する「交渉の空間」の 2 種類の空間が識別され，その相互作用に焦点を当てることで，規定の力がいかに秩序立てられ，同時に絶え間なく再交渉されているかを認識しようとする（Murdoch, 1998）。言い換えれば，規定と交渉の概念は，空間の定義をめぐって日常的に起こる争いを強調することができる（Murdoch, 1998）。次項では，規定の空間から交渉の空間を経て，新たな規定の空間に至るプロセスに注目して，事例ごとに空間スケールが確定される方法を明らかにしたい。

2-1. 医療情報ネットワーク

　医療情報ネットワーク（第 3 章・第 4 章）の場合，規定の空間では，都道府県が定めた階層的な医療圏が設定され，そのなかで患者の獲得をめぐる医療関係機関同士の競争関係があった。また，中核病院と他の医療関係機関それぞれの機能が明確ではなかった。

　交渉の空間における空間スケールは，中核病院が果たそうとする機能に基づいて設定された。千葉県の場合は，中核病院は二次医療圏をさらに細分化した山武地域において地域医療の入院機能に特化しようとした。一方，宮崎県の場合，中核病院は災害や救急医療の拠点としての機能を果たして，健康や福祉サービスを他の機関に分散させようとしたため，宮崎県全県と広域なスケールで情報ネットワークが展開した。長崎県では，病院と診療所との役

割を明確にしようとした。情報ネットワークの空間スケールは時とともに拡大していった。協調行動をとった地域医師会や地域薬剤師会の管轄範囲が，情報ネットワークの地理的広がりを規定していた。こうした空間スケールの違いは，情報ネットワークの維持運営費といった技術的，経済的問題だけではなく，中核病院が果たそうとする機能によって決められるために生じる。情報ネットワークが展開される地域の境界が設定される段階において，既存の医療圏や地域医師会，地域薬剤師会の管轄範囲が考慮される。すべての会員が情報ネットワークに参加できるようにするためには，参加条件の地理的範囲がこれら組織の管轄範囲と一致していなければならない。医療情報ネットワークの構築主体である中核病院と，ネットワークの潜在的利用者のほとんどをカバーする職能団体とのパワー関係を踏まえたかたちで空間スケールが決められているといえよう。各事例における空間スケールの違いは，主体間のパワーの違いを反映している。ICTはそうしたパワー関係を踏まえて設定された地域に受容されている。

　もしICTが導入されなければ，医療関係機関の役割分担とそれにともなうスムーズな患者の紹介は実現できなかった。このことから，ICTは競争から協調に至る医療機関間の関係を支える媒体として機能しているといえよう。一方，情報ネットワークに参加しない医療関係機関は，従来の競争的な医療システム下で医療サービスの供給を続けている。とりわけ，長崎県では同じ団体の会員であっても，普及促進機関との強い信頼関係を築いていたメンバーのみの参加にとどまる地域がみられた。このことから，新たな規定の空間において，ICTの利用を前提とした協調に基づく医療システムと，医療関係機関間における競争関係を維持した，二次医療圏ごとの医療システムが並存していくであろう。

　以上の動向は，離島における医療システムの再編成と密接に関係していた（第7章）。再編前の規定の空間では，市町村合併前の旧町ごとに入院病床を有する医療機関が分散立地し，それぞれの日常生活圏域である旧町内でほぼ完結していた。交渉の空間では，県スケールの政策医療を展開している長崎県病院企業団によって，島外の大病院との連携を強化した階層的な医療シス

テムが指向された．ICTが受容される空間スケールは，県，二次医療圏，市町といった複数の主体を束ねる，長崎県病院企業団の管轄範囲が影響して県全域に及んでいる．

一方，離島内のよりローカルなスケールでみると，行政やNPO，近隣住民が遠隔地で従来の医療機関が担っていたケアのニーズに対応した（第8章）．このことから，新たな規定の空間では，ICTは地域包括ケアシステムを構成する多様なサービス提供主体の役割の見直しと対応行動を促したといえよう．

2-2. 医薬品流通の情報ネットワーク

医薬品流通の情報ネットワーク（第5章・第6章）の場合，規定の空間では，近隣の医療機関からの処方箋の獲得をめぐって，薬局間の競争関係があった．従来，医療機関内での院内処方が中心であったことから，保険薬局は医師の処方箋を必要としない一般用医薬品を販売することで安定的な利益を得ていた．本章で対象にした医薬品卸と保険薬局の間には，医療用医薬品の取引実績はほとんどなかった．地域薬剤師会が医薬品の流通において果たす役割は限定的なものであり，その管轄範囲における取り組みが会員薬局に意識される場面は少なかったといえる．

交渉の空間における空間スケールは，地域薬剤師会の管轄地域や，情報ネットワークを導入した保険薬局の交友関係に基づいて決定されていた．長野県小諸市近郊では，地域薬剤師会が管轄範囲における地域共通の情報ネットワークを導入したことによって，従来の競争関係を超えて薬局間で在庫を融通しあうようになった．宮城県南部では，地域薬剤師会の会員で面識のあった友人関係に基づく情報ネットワークを構築したため，宮城県南部に参加薬局の地理的範囲が広がった．川崎市北部では，医薬品卸がICTを活用した医薬品の配送体制を保証するため，地域薬剤師会の管轄範囲である川崎市北部を配送エリアに設定した．そのため，ICTが受容される空間スケールは，おのずと地域薬剤師会の管轄範囲に限定された．事例による空間スケールの違いは，薬局の利害調整を代表する地域薬剤師会の管轄範囲に大きく影

響されていた。

　新たな規定の空間において，情報ネットワークに参加した薬局は，競争関係を維持しつつ，医薬品の在庫コストを削減することができた。薬局はICTによって長期的な需要の変化に適応する能力を得て，薬局相互の連帯感を強化したといえる。一方，ICTを開発した医薬品卸は，医薬分業をきっかけとして保険薬局のニーズをうまくとらえて取引を順調に拡大した。もし，ICTがなければ，保険薬局は医薬品卸の協力を得られずに，在庫リスクに個々に対処せざるをえなかったであろう。このことから，ICTは医薬分業の開始直後における，在庫コストの負担を軽減するためのツールとしてだけでなく，長期にわたって医薬分業を定着させ，薬局間の協調関係を維持するように機能している。

2-3. ICTが受容される空間スケール

　本節では，ANTの援用によって，ICTが受容される空間スケールがどのようにして決定されるか解釈できることを示したい。各事例をみると，空間スケールを決定する権限を有するICTの構築主体と，情報ネットワークの参加者や彼らの利害を代表する団体との間には，明確な支配‐被支配の関係がみられない。それゆえ，規定の空間から交渉の空間を経て，新たな規定の空間に至るプロセスにおいて，空間スケールの確定をめぐる主体間の主導権争いがみられる。既存の規定の空間では，従来の競争関係が維持される。その反面，交渉の空間では，環境の激変をきっかけとして需要が不安定となり，従来の医療機関間の社会関係だけでは対処しきれなくなる。そこで，複数の主体が協調せざるをえない状況に置かれ，情報ネットワークを構築した主体の意思決定のもとで，主体間の役割分担が見直されることとなる。情報ネットワークの構築主体は，ICTが展開する空間スケールを決定する権限を有している。ただ，こうした主体が実際に地理的境界を設定するときに，地域医師会や地域薬剤師会など職能団体と協調せざるを得ない環境に置かれている。そのため，これら団体の管轄範囲を含めた意思決定をはじめとして，特定の地域の状況を考慮する必要が生じる。

結論

　協調行動が採用される場合，ICTが受容される空間スケールは，こうした主体間における複雑なパワー関係を踏まえて，主体間の利害が一致するように確定される。医療情報ネットワークの場合には県全域のリージョナルなスケール，医薬品流通の情報ネットワークの場合には複数の市町村からなるよりローカルなスケールが設定される傾向にあった。ICTの構築主体は，そうして設定された地域にICTを導入しようとする。ICTは主体間の協調を実現するようにふるまう。しかし，実際にICTがその機能を発揮するのは，地域内の潜在的利用者のうち，既存の社会関係をある程度反映した主体間に限定される。たとえば，第4章では，普及促進機関が長﨑県全域のスケールでICTを導入しようとしたが，地域医師会などの職能団体とのパワーバランスによって，特定の市町村に偏って受容されていた。ICTが地域に受容されていく過程の背後には，空間スケールの確定をめぐる複雑な権力関係が影響しているのである。このようにして，ICTに代表される非人間は，短期間かつ特定の地域における需要の不安定化に適応するための手段として地域に受容されていく。したがって，ICTは安定性を目指す社会関係の再構築に不可欠な物質として機能する。

　交渉の結果として，ICTが受容された規定の空間は，従来の規定の空間と並存していく。ICTは短期的な環境激変に対する有効な解決策であったが，こうした取り組みをきっかけとして，新たな空間が既存の空間に織り込まれていく。それは交渉の空間において受容されたICTが，ICTを利用する主体にとって，長期的な医療環境の変化にも有効に対処しうる手段となるからである。一見したところ，このような特殊かつローカルな事例と思われる現象は，長期的な空間と時間の流れのなかに位置付ければ，決してその地域にしか起こりえない，そのとき限りの特異な事例ではないことがわかる。むしろ，短期間で特定の地域におけるICTと社会関係の相互作用は，長期間で広域にわたる高齢化のような環境要因に対処していくプロセスにおける過渡期の現象であると考えられる。

　以上のように，ICTと社会関係の入り組んだアクターネットワークの空間スケールは，安定性を目指す人間と非人間，言い換えればICTと社会関係

との絶え間ない相互作用の結果として現れるものである。既存の社会関係によって，ICTがどのような機能を果たすかが決まる一方，ICTがアクターネットワークの安定性を獲得するためのアクターとなることで，新たな社会関係をつくる役割を担うといった一連の循環的なプロセスをたどる。アクターネットワークの空間スケールを考察することは，関係そのものを分析の中心に据えるということを意味する。この点が，ICTと社会関係との相互作用の結果としての空間スケールを，ミクロとマクロ，ローカルとグローバルといった二元的概念でとらえてきた従来の空間概念と大きく異なる。

3. 展望

本書では，医療システムを対象にANTを援用することで，関係論的視点から事例を分析することの有効性を指摘した。このアプローチによって今後の貢献が期待される二つの領域について整理したい。

第一に，長期にわたる環境要因としての高齢化や人口減少に対して，多様な地理的条件に対応した医療システムをどのように構築していくべきかについての政策的な応用が考えられる。たとえば，局地的なスケールにおいて住民が必要なときに必要なケアを受けるための，ICTの受容のあり方がテーマとなりうる。本書は，全国スケールで起こる高齢化といった環境要因の変化への対応策として，ICTと医療従事者間の社会関係との相互作用が，ローカルなネットワークとして出現することを示した。環境変化のリスクを負う医療関係機関が足並みを揃えて過度の競争を避け，ICTの構築主体が特定の地域に立地する医療関係機関の存続と利益を実質的に保証するといった護送船団の方式は，短期間の環境変化への現実的な適応策であった。

今後，ICTと社会関係はあらゆるスケールにおいて，長期にわたって絶えず相互作用していくであろう。とりわけ，ICTが社会的なインフラとして普及し，情報機器や情報システムの費用負担が軽減されるにつれて，交渉の空間において，協調戦略のもとで環境変化を乗り切るためにICTが果たす役割は一層大きくなり，新たな規定の空間における安定性や永続性に寄与する

であろう。たとえば，長崎県で普及した医療情報ネットワークでは，主に患者の診療履歴が共有されていたため，ケア提供者には導入のインセンティブは小さかった。しかし，普及促進機関は福祉や介護提供者にも利用範囲を広げようとしており，離島内においても情報共有による多職種の連携の手段としての活用が検討されている（長崎県地域医療研究会，2015）。2018年には診療報酬と介護報酬の同時改定によるオンライン診療にかかる規制緩和とインセンティブが設けられるなど，制度変更による地域包括ケアシステムの構築に向けたアクターの再交渉が各地で予想される。このような状況において，医療供給主体のみならず，医療サービスの受益者にとっても望ましい医療システムを実現するため，関係論的な視点がますます重要となる。

　第二に，広く現代の地域社会を解釈するためのツールとしての応用である。都市，あるいは地域に展開されるアクターネットワークは，ICTをはじめとする非人間が安定性を目指して他のアクターと再交渉した結果として，さまざまな空間スケールや形態を示す。アクターネットワークは，経済的なものだけではなく，文化的，社会的，政治的，制度的なネットワークが複雑に折り重なったものとしてみなされる。こうしてネットワーク化された複数の関係における空間的な一体性を理解することは，地誌的概念と位相的概念を結び付けることとなる（Murdoch, 2006）。したがって，カステルによる，ネットワークのノードとしての都市（Castells, 1996, 1997, 1998, 1999）や，マッシーによる，社会関係のみの束としてのネットワークの交差点としての場所（place）といった従来の空間領域に関する概念（Massey, 1991）もまた修正を迫られる。今後，ICTがどういった地域に受容または拒絶されていくのかを，制度的環境も含めた他のアクターとの関係性からとらえていくことが求められよう。日本の事例を相対化するため，制度的環境が類似している国や地域との比較研究も望まれる。たとえば，日本と類似の医療システムを有する台湾では，日本の植民地時代に統治手段として医療制度が移植された。しかし戦後，政府による政策対応と，設立主体ごとの医療機関の立地行動が繰り返された結果，都市部と山間部および島嶼部とで異なる供給空間が重層的に形成されるに至った（中村, 2016）。このように，それぞれの地域の歴史的

文脈を考慮に入れて，人間と非人間とのアクターネットワーク形成のメカニズムを解明することは，現代の地域社会を解釈し，空間の一般理論を構築しようとする地理学のテーマに通底するものと考える。

注

第1章
1) なお，本書では，「ネットワーク」の範疇を，ICTによって構築される情報ネットワークに限定し，後述するアクターネットワークとは区別する．「システム」については，情報ネットワークに加えて従来の社会的関係も含んだより広い意味で用いる．

第2章
1) なお，県が設定する医療圏は，一般的な疾病に対処するための，各市町村を単位とする「一次医療圏」，専門性が高い保健医療サービスを提供する，広域的な「二次医療圏」，きわめて専門性が高い保健医療サービスを提供する，県全域を単位とする「三次医療圏」で構成される（北海道および長野県は複数の三次医療圏を設定している）．このように，保健医療計画は病院規模に応じた階層的な医療圏を構想している．
2) 1890年の統計によれば，全国医師数3万8000人に対して，薬剤師はわずかに1700人に過ぎなかった（日本薬剤師会百周年記念事業実行委員会，1994）．
3) 長野県上田市，佐賀県佐賀市，秋田県大館市，東京都では蒲田，豊島，江戸川，荒川，杉並，立川，武蔵野地区など（石坂，1994）．
4) 診療報酬の請求を紙の診療報酬明細書（レセプト）ではなく，電子媒体に収録したレセプトにより行うシステム（厚生労働省編，2001，p. 13）．
5) 本調査の主たる分析対象は，地域医療の一翼を担う100床から399床までの中規模病院の特徴を明らかにすることとされており，当該質問については，中規模病院の回答のみ得られている．

第3章
1) 本章において，医療機関とは，医師または歯科医師が医療行為を行う病院や診療所を指す．医療関係機関とは，上記の医療機関に加え，保健所，訪問看護ステーション，老人保健施設，検査センター，薬局など医療のみならず，保健，福祉，介護サービスを提供する施設を指す．
2) 医療圏は商圏や通勤圏などとは異なり，保健医療計画による制度的な地域的枠組みとして設定されている（第2章注1）参照）．
3) 「わかしお医療ネットワーク」の「わかしお」は，山武地域がある房総半島を走るJRのL特急の愛称として知られ，山武地域の住民にとって馴染みのある名称であり，地域医療の底上げを図りたいとの想いが込められている（東金病院のウェブサイト http://www.pref-hosp.togane.chiba.jp/（最終閲覧日2007年11月19日））．一方，「はにわネット」の「はにわ」は，正式名称である宮崎健康福祉ネットワークのHealth aNd WelfareのHとNとWからとったものであり，健康と福祉サービスを情報ネットワーク上で提供することが想定されている（宮崎健康福祉ネットワーク実行委員会資料）．

4) 厚生労働省は，経済産業省に採択された26事例のうちの3事例に対して，全国のモデルケースになりうる事例として，機能をさらに拡張するため，補助金を投入している。したがって，本章で取り上げた2事例は，国によって医療情報ネットワークの成功事例で全国のモデルケースと位置付けられていると考えられる。また，日本薬剤師会へのヒアリングにおいて，保険薬局が参加した先進的事例としてこの2事例があげられたこともあり，本章では，これらを国によって成功と位置付けられている事例とした。なお，3事例のうち残る1事例は，亀田総合病院が構築した医療情報ネットワークであるが，保険薬局は参加していなかったことから，本章では取り上げなかった。
5) 調査当時の山武地域は千葉県九十九里浜に沿う1市8町村からなり，人口は約20万人余りである。
6) 医療法によると，一般診療所は医師または歯科医師が医業または歯科医業を行う場所（歯科医業のみは除く）であって，患者の入院施設を有しないものまたは患者19人以下の入院施設を有するものである。本章では，一般診療所に加えて，歯科医業のみを行う歯科診療所を含めて診療所と記す。
7) 救命救急センターとは，心筋梗塞，脳卒中，頭部損傷等の重篤救急患者の救命医療を行うことを目的として，厚生労働省によって定められた医療機関で，高度な救急医療を24時間態勢で提供できる機能を有している。一方，救急告示病院とは，事故や急病等による疾病者を救急隊が緊急に搬送する医療機関で，医療機関からの協力の申し出を受けて都道府県知事が認定，告示した病院である。つまり，救命救急センターは救急告示病院に比べて少数かつより高度な医療に対応した拠点性の高い施設であるといえる。
8) はにわネットのウェブサイト http://www.haniwa-net.jp/gaiyou/frame_01.htm （最終閲覧日2006年2月24日）。
9) 高度医療を担う医療施設の一つである宮崎医科大学附属病院の立地する宮崎郡清武町（現・宮崎市）は宮崎東諸県医療圏に属している。
10) 一次救急は風邪や軽いけがといった比較的軽症の患者に対する入院や手術をともなわない医療である一方，二次救急は入院や手術を要する重症患者に対する医療である。
11) これらの連携以外にも，①眼科医との連携による光凝固による失明の防止，②在宅によるインスリンの自己注射，③薬局との連携によるオンライン服薬指導を実施しており，ネットワーク参加機関がそれぞれの役割分担を明確にして医療サービス供給の偏在を是正しようとした。
12) 逆紹介とは，紹介先である医療機関における，急性期の治療が終わった患者や慢性期に移行して継続的な治療が必要な患者を，紹介元のかかりつけ医へ紹介することを指す。
13) 宮崎県は2002年3月までに宮崎情報ハイウェイ21の整備を終了し，同年8月に本格運用を開始した。
14) 県立病院については，電子カルテの継続的な利用をめぐる個人情報保護に関する宮崎県の条例が障害となって，現在に至るまではにわネットへの参加が見送られている。
15) オーダリングとは，医師が処方箋や検査依頼書などの情報を，薬剤部門，検査部門，

医療事務部門などの関連部門へ伝達することを指す。
16) 読売新聞東京版，2004年2月13日付。
17) 参加機関の医師がネットワーク上で診療情報をやり取りする際には，患者の同意を得たうえで後述する宮崎健康福祉ネットワーク協議会が患者にIDカードを発行する。診療情報の提供は患者が承諾した場合にのみ行われるため，IDカードを連携先の医療関係機関に提示するまでは，対象となる医療関係機関は患者の電子カルテを閲覧することができない。
18) わかしお医療ネットワークを構築したシステム開発会社に対するヒアリング（2005年2月4日）による。
19) 東金病院に対するヒアリング（2006年11月5日）による。
20) 2000年12月～2001年2月にかけて行われた実証実験に参加した全施設に対して，宮崎県医師会の事務局スタッフが2月上旬に実施した対面によるアンケート調査による（医療情報システム開発センター，2002, pp. 39-46）。
21) 東金病院に対するヒアリング（2004年8月13日）による。
22) 宮崎大学医学部附属病院に対するヒアリング（2005年2月17日）による。なお，調査時点における医療情報ネットワークへの参加にともなう参加機関の金銭的負担については，2事例とも通信費以外にはかからない。
23) ヒアリングからは明らかにできなかったが，医療情報ネットワークの利用頻度の低い参加機関は，患者の逆紹介といった実利的なメリットよりも，従来の中核病院との個人的な交友関係に基づいてネットワークへの参加を決めた可能性がある。

第4章

1) ただし，新上五島町役場に対する聞取り調査によれば，小値賀島については佐世保市への患者流出がみられる。
2) 長崎県では，県，大学，地方自治体が一体となって離島医療の充実を図ってきた経緯がある。特に，新上五島町では，相対的に少ない人口が分散的に分布し，医療資源が少ないことから，医療サービス供給の効率化が一層困難であり，サービス維持のために島内外の関係主体の協調の必要性はより切迫していると考えられる（第7章）。
3) 日本経済新聞地方経済面九州A版1984年5月25日付。
4) 長崎県離島医療医師の会のウェブサイト http://www.mokuseikai.org/ritoiryo/（最終閲覧日2016年12月19日）による。
5) 国立病院機構長崎医療センターのウェブサイト http://www.nagasaki-mc.jp/pages/490/531/530/（最終閲覧日2016年12月19日）による。
6) 国立病院機構長崎医療センターに対する聞取り調査による。
7) オーダリングシステムとは，医師が処方箋や検査依頼書などの情報を，薬剤部門，検査部門，医療事務部門などの関連部門へ伝達するシステムのことを指す。
8) 地域医療支援病院とは，かかりつけ医等からの紹介患者に対する医療の提供を通じた地域医療の確保を図る病院としてふさわしい構造設備等を有するものについて，都道府県知事が個別に承認している病院のことである。当初の承認要件の一つとして，紹介率80％を上回っていること（紹介率が60％以上であって，承認後2年間で当該紹

介率が 80% を達成することが見込まれる場合を含む），とされる（厚生労働省，2012）．
9) あじさいネットのウェブサイト http://www.ajisai-net.org/ajisai/08_organize/index_2.html （最終閲覧日 2016 年 12 月 19 日）による．
10) 長崎医療センターに対する聞取り調査による．
11) 同協議会の理事を務める長崎大学病院の医師による．彼は第 1 期において，長崎医療センターの情報管理室長として，あじさいネットの構築に携わり，2005 年 11 月，長崎大学病院に異動後，院内の情報化に関与するとともに，あじさいネットの長崎市への普及に貢献した．
12) 後述するように，医師会単位で入会すれば，団体料金としての 200 万円の入会金を一括で支払うことにより，会員施設の入会金 5 万円は支払う必要がなくなる（富士通，2011）．
13) 当該薬局への聞取り調査による．
14) あじさいネットのウェブサイト http://www.ajisai-net.org/ajisai/index.htm （最終閲覧日 2014 年 12 月 23 日）による．
15) 上五島病院によると，専門的な診療を必要とする患者は，本土の医療機関も受診している場合が多く，自身の診療情報について具体的に伝達しにくいことから，あじさいネットの利用には積極的な印象があるという．
16) 大村東彼薬剤師会については，全会員薬局に対してアンケート調査票を郵送し，封筒またはファクスにて回収した．回答受付期間は 2013 年 8 月 26 日から 9 月 6 日までとした．回答率は 81.4%（59 薬局のうち 48 薬局）であった．

第 5 章

1) 薬価基準とは，医療保険から保険医療機関や保健薬局に支払われる医薬品の償還価格である．医療機関に対する医薬品の最終的な保険の償還価格が薬価基準により決められている一方で，メーカー・卸間，卸・医療機関間の販売価格は市場経済に任されているため，薬価差益が必然的に生じる（薬事経済研究会，2001）．
2) 会営薬局とは，地域の薬剤師会が運営する薬局のことであり，会員がその運営に携わる．既存の薬局だけでは院外処方への対応が困難な場合に設立されることが多い．
3) エクストラネットとは，インターネット技術を用いて関連企業のネットワークを連結する形態で，ローコストで構築できることが特徴である．
4) レセコンとは，レセプトコンピュータの略称で，医療事務会計システムで用いられるパソコンのことである．
5) 会営備蓄センターとは，地域の薬剤師会が医薬分業を支援するために設立する，医薬品を在庫しておく倉庫のことである．主に需要の少ない医薬品を備蓄しておき，会員薬局の医薬品在庫が不足している場合に小分け販売する機能をもつ．

第 6 章

1) 薬局薬剤師は薬剤師法による規定で，調剤の求めに応ずる義務がある．薬局は私企業でありながら，患者の処方箋に記載された医薬品を準備しなければならないため，そ

2) ファクスを利用した処方箋送信については，患者待ち時間の短縮，かかりつけ薬局における処方内容の事前チェックなど患者サービス向上に資するという考え方から，厚生省が1989年11月に，利用を認める通知を出した（薬事日報，2006年10月17日付）。
3) A社によると，①については，受注件数が予想以上に多かったため，アルバイト3人によって2台のバイクを追加の配送手段に活用した。また，②については，使用頻度の高い数百品目の医薬品を備蓄した車を巡回させ，午前11時30分までに受注された医薬品は当日に，午後8時までに受注された医薬品は翌朝に配送するようにした。現在，需要が安定しているため，上記の配送手段は採用されていない。
4) A社担当者へのヒアリング（2007年9月18日）による。
5) 大手2社は，全国の市場シェアの約3割を占める関東地方において売上高を伸ばし，医療機関への販売網を形成していた。聖マリアンナの医薬分業に対して，上記2社は取扱金額の高い品目に限って，医薬品の安定供給を保証したに過ぎなかった。すなわち，既存の市場シェアが大きい上位2社は，追加投資を極力抑えながら，新たな潜在的顧客である薬局に対しても，従来通りの価格競争による市場シェアの向上を目指したのである。
6) このことは，当時のA社常務（現在のA社会長）が同事業に意欲的で，携帯型発注端末を用いた小ロット品の供給のために必要な投資を積極的に認めたことからもうかがえる。

第7章

1) 長崎県新上五島町（2010）：『位置・地勢』http://official.shinkamigoto.net/index.php?itemid=211&catid=7 （最終閲覧日2014年3月20日）
2) 上五島病院への聞取り調査による。
3) 長崎県上五島病院（2014）：『当院の概要，特色』http://www.kamigoto-hospital.jp/residents/about.html （最終閲覧日2014年3月7日）
4) 長崎県福祉保健部医療政策課より提供された資料に基づく。
5) 前掲3)
6) 長崎県病院企業団（2014）：『沿革』http://www.nagasaki-hosp-agency.or.jp/nha/enkaku.html （最終閲覧日2014年6月15日）
7) 新上五島町役場への聞取り調査による。
8) 長崎県病院企業団への聞取り調査による。
9) 上五島病院への聞取り調査による。
10) 福岡政経調査会（2008）：離島組合9病院・県立2病院：09年春再編・長崎県！http://fukuoka-seikei.com/08-0619-f2.htm （最終閲覧日2014年6月15日）
11) 長崎県離島医療医師の会（2014）：『長崎県の離島医療の歩み』http://mokuseikai.org/ritoiryo/ （最終閲覧日2014年3月7日）
12) 経常収支比率＝経常収益／経常費用×100。経常収支比率は公立病院改革ガイドラインが指定している経営指標のうちの一つで，総務省は2011年度までに同値が100%

を上回ること（経常収支の黒字化）を想定した経営の効率化を求めている（総務省，2007）。
13) 長崎県病院企業団への聞取り調査による。

第8章
1) 地域包括ケア研究会は，地域包括ケア圏域について，おおむね30分以内に駆けつけられる圏域を理想的な圏域として定義し，具体的には，中学校区を基本とすることを提案している（地域包括ケア研究会，2009）。
2) この点に関して，ミサの前後に人々が話し合っている話題は，漁業のこと，子どもの教育のこと，集団就職で都会へ出て行った娘たちのことなどであり，むしろ宗教とか信仰と直接には無関係のことの方が多いくらいである。つまり，ミサという集団的礼拝の儀式は，同時に，世俗的な情報交換の場を提供しているともいえるし，最も厳粛な宗教的儀礼としてのミサが，経済，政治，教育，娯楽などの次元にまで関係している（丸山，1980）。
3) 訪問の移動時間は介護報酬の対象外であり，収益性の向上には介護職員の移動をできるだけ短縮することが求められる。つまり，利用者宅との近接性が高い，人口密度の高い地域が有利である（宮澤編著，2017）。
4) 上五島病院へのヒアリングによる。
5) 上五島病院では，終末期患者のうち，退院困難なケースを対象に，外出・外泊支援を行っているが，退院を困難にする主な理由として，①ADL（Activities of daily living＝日常生活動作）の低下，②苦痛症状，③介護負担，④マンパワー不足，⑤居住環境の5点が指摘されている。島内の介護者の不足と高齢化は深刻であり，患者本人が自宅に帰りたい，あるいは家族が患者を自宅に帰したくても叶わない現実があるという（坪井ほか，2016）。
6) 上五島病院のウェブサイト http://www.kamigoto-hospital.jp/section/disp.cgi?file＝1＆sec＝6（最終閲覧日2017年6月6日）による。
7) 正式名称は，新上五島町人工透析患者遠距離通院交通費助成事業である。
8) 訪問看護ステーションの収益の内訳をみると，医療保険が3割，介護保険が7割程度を占める。費用の内訳みると，給与費が80.6％，経費が12.1％で，その大半が人件費によって占められる。事業損益（2007年3月分）が赤字のステーションは，全体の31.6％を占める（全国訪問看護事業協会，2008）。
9) 長崎県上五島病院附属診療所奈良尾医療センターのウェブサイト http://www.kamigoto-hospital.jp/narao-mc/kango.html（最終閲覧日2017年6月6日）による。

文献

秋山美紀（2006）：地域医療連携における組織間関係と情報共有ネットワーク——3 地域における 2 組の比較事例分析．組織科学，40-2：74-87.
荒井良雄（1989）：コンビニエンス・チェーンの物流システム．信州大学経済学論集，27：19-43.
荒井良雄（1991）：情報ネットワークと企業の水平的グループ化——流通におけるいくつかのケースをもとに．信州大学経済学論集，28：1-21.
荒井良雄・箸本健二・和田　崇編（2015）：『インターネットと地域』ナカニシヤ出版.
荒木一視・高橋　誠・後藤拓也・池田真志・岩間信之・伊賀聖屋・立見淳哉・池口明子（2007）：食料の地理学における新しい理論的潮流——日本に関する展望．E-journal GEO, 2：43-59.
飯田　太（1993）：大手スーパー自社配送センターの立地と配送構造——関東地方の事例．新地理，41-3：12-27.
伊賀聖屋（2017）：能登地域におけるワイン専用種ブドウの供給体系の生成——知識・技術構築の観点から．経済地理学年報，63：115-135.
池上直己・J. C. キャンベル（1996）：『日本の医療——統制とバランス感覚』中公新書.
石坂哲夫（1994）：『やさしいくすりの歴史』南山堂.
医療情報システム開発センター（2002）：『先進的情報技術活用型医療機関等ネットワーク化推進事業——電子カルテを中心とした地域医療情報化』医療情報システム開発センター.
稲田七海（2009）：介護保険制度の受容に伴う高齢者ケアと相互扶助の変容——上甑島旧里村を事例として．人文地理，61：328-347.
岩間信之編著（2013）：『改訂新版フードデザート問題——無縁社会が生む「食の砂漠」』農林統計協会（初版 2011）．
岩間信之編著（2017）：『都市のフードデザート問題——ソーシャル・キャピタルの低下が招く街なかの「食の砂漠」』農林統計協会.
岩間信之・浅川達人・田中耕市・駒木伸比古（2016）：食料品アクセスおよび家族・地域住民との繋がりを指標としたフードデザートの析出——県庁所在都市の都心部における事例研究．E-journal GEO, 11：70-84.
潮　清孝・足立　洋（2010）：アクターネットワーク理論を用いた管理会計研究の動向．メルコ管理会計研究，3-1：75-84.
NEC（2013）：長崎県全域に運用拡大した「あじさいネット」——その発展の道程と次なるチャレンジ．http://jpn.nec.com/medsq/jirei/data/ajisai-network_201305.pdf（最終閲覧日 2015 年 8 月 25 日）
NPO 法人長崎地域医療連携ネットワークシステム協議会（2012）：あじさいネット OFF LINE 通信創刊号．http://www.ajisai-net.org/ajisai/05_media/publicrelationsmagazine/pdf/vol1.pdf（最終閲覧日 2016 年 11 月 4 日）

大坪浩一（2006）：埼玉県秩父地域における医療資源の地域的分布の変化．地域研究，47：11-22．
大坪浩一（2008）：秩父地域における住民の受療行動とその地域的構造．地球環境研究，10：29-40．
岡本耕平（2000）：情報化と都市の生活空間．経済地理学年報，46：365-379．
叶堂隆三（2011）：上五島カトリック集落の選択的移動と地域社会の維持──送り出し集落と定住地を結ぶ類縁関係・地縁関係・親族関係．下関市立大学論集，55-2，27-45．
兼子　純（2000）：ホームセンターチェーンにおける出店・配送システムの空間構造．地理学評論，73：783-801．
神谷浩夫（2002）：精神科診療所の立地における大都市集中の意味．経済地理学年報，48：221-237．
川端基夫（1990）：卸売業の情報化と立地──医薬品卸を例に．経済地理学年報，36：96-115．
川端基夫（1995）：消費財卸売業における情報ネットワーク化と立地変容．地理学評論，68：303-321．
川端基夫（1997）：『情報化と地域商業』千倉書房．
岸田伸幸（2011）：医療保障制度と医療情報ネットワーク化状況の国際比較．海外社会保障研究，177：65-76．
北﨑幸之助（2009）：『戦後開拓地と加藤完治──持続可能な農業の源流』農林統計出版．
木村博典（2011）：事業永続性を考慮したハード・ソフト両面からのシステム作り．（所収　病院CIO研究部会編『病院CIOによる医療情報化イノベーション──EHR構築への取り組み事例と提言』図書印刷：77-114）．
九州地域産業活性化センター（2010）：『小規模市町村の連携による行政サービスの提供方策のあり方』九州地域産業活性化センター．
郡司篤晃（1991）：地域福祉と医療計画──医療計画の基本的諸問題．季刊社会保障研究，26：369-384．
厚生省遠隔医療研究班（1997）：『医療情報の総合的推進に関する研究　総括班報告書（最終案）』．http://square.umin.ac.jp/enkaku/96/Enkaku-RepSoukatu-nof.html（最終閲覧日 2014年9月26日）
厚生労働省（2009）：『平成21年度補正予算による地域医療再生基金』．http://www.mhlw.go.jp/bunya/iryou/saiseikikin/21.html（最終閲覧日：2014年10月11日）
厚生労働省（2012）：『地域医療支援病院について』．http://www.mhlw.go.jp/stf/shingi/2r985200000253pd-att/2r985200000253tc.pdf（最終閲覧日 2014年10月3日）
厚生労働省（2016）：『平成28年版厚生労働白書』厚生労働省．
厚生労働省編（2001）：『保健医療分野の情報化にむけてのグランドデザイン』厚生労働省．
厚生労働省編（2006）：『厚生労働白書（平成18年版）』ぎょうせい．
近藤克則編著（2016）：『ケアと健康──社会・地域・病い』ミネルヴァ書房．
近藤隆史・岡田裕正（2008）：地方自治体立病院の経営改革の現状と課題──長崎県立病院のケースを中心として．経営と経済，88：299-330．
酒川　茂（1980）：広島県における医療施設の最適立地．人文地理，32：385-406．

坂本治也（2010）:『ソーシャル・キャピタルと活動する市民——新時代日本の市民政治』有斐閣.
佐藤正志（2010）:周辺地域における自治体公共サービス民営化の特徴——青森県三戸町の包括業務委託の事例．地理学評論，83:131-150.
佐藤正志・前田洋介編（2017）:『ローカル・ガバナンスと地域』ナカニシヤ出版.
じほう（2001）:『薬事ハンドブック2001年版』じほう．
じほう（2005）:『薬事ハンドブック2005』じほう．
じほう（2006）:『薬事ハンドブック2006』じほう．
じほう（2007）:『薬事ハンドブック2007』じほう．
島崎謙治（2011）:『日本の医療——制度と政策』東京大学出版会．
島崎謙治（2013）:在宅医療の現状・理念・課題，（所収　西村周三監修，国立社会保障・人口問題研究所編『地域包括ケアシステム——「住み慣れた地域で老いる」社会をめざして』慶應義塾大学出版会：127-148).
白髭　豊・詫摩和彦・松本武浩（2012）:病院，開業医，看護師，介護スタッフの連携で在宅医療を進める長崎在宅Dr.ネット．社会保険旬報，2513:12-23.
白髭　豊・野田剛稔（2009）:医師会からみた地域医療連携の取り組み方．治療学，4:415-518.
新上五島町（2015a）:『保健事業実施計画（データヘルス計画）』新上五島町．
新上五島町（2015b）:『新上五島町老人福祉計画及び第6期介護保険事業計画』新上五島町．
新上五島町医療体制のあり方検討委員会（2008）:『新上五島町医療体制のあり方検討委員会報告書（答申書）』新上五島町医療体制のあり方検討委員会．
杉浦真一郎（2005）:『地域と高齢者福祉——介護サービスの需給空間』古今書院．
鈴木晃志郎・佐藤信彌（2010）:スイッチバックかスルー運転か——アクターネットワーク理論を援用した駅舎移転の史的解読の試み．観光科学研究，3:95-116.
関戸明子（1998）:群馬県吾妻地方における地域医療サービスと受療行動．えりあぐんま，5:61-71.
関根智子（2003）:近接性の時空間的安定度の分析——千葉県松戸市の眼科医院を事例として．地理学評論，76:725-742.
全国訪問看護事業協会（2008）:『訪問看護ステーション経営概況緊急調査報告書』．全国訪問看護事業協会．
総務省（2007）:『公立病院改革ガイドライン』http://www.soumu.go.jp/main_sosiki/c-zaisei/hospital/pdf/071224_zenbun.pdf（最終閲覧日2014年3月17日）
総務省情報流通行政局（2011）:『遠隔医療モデル参考書』．http://www.soumu.go.jp/main_content/000127781.pdf（最終閲覧日2014年9月26日）
園田恭一（1984）:保健・医療におけるコミュニティの問題——アメリカおよびイギリスを中心として．季刊社会保障研究，20:182-187.
高橋伸夫・南　繁佑（1981）:住民の医療行動に関する分析——茨城県出島村の事例．東北地理，33:35-41.
武田純子（1993）:秩父地方における医療資源の分配と高齢者の受療行動．お茶の水地理，

34：48-58.
田近栄治・油井雄二（2004）：介護保険——4年間の経験で何がわかったか．フィナンシャル・レビュー，72：78-104.
地域包括ケア研究会（2009）：『地域包括ケア研究会報告書——今後の検討のための論点整理』地域包括ケア研究会.
土屋　純（1998）：中京圏の大手チェーンストアにおける物流集約化とその空間的形態．地理学評論，71：1-20.
坪井久美・永田弥生・藤田若子（2016）：「家に帰りたい」希望に寄り添う看護——一般病棟における終末期の退院困難患者への外出・外泊支援．第38回長崎県地域医療研究会発表集：93-94.
長崎県（2010a）：『長崎県医療統計』長崎県.
長崎県（2010b）：『平成22年度公金支出情報公開』．http://shisyutsukoukai.pref.nagasaki.jp/data/H22/zuiikeiyaku_fukushihokenbu_H22.pdf（最終閲覧日2014年9月28日）
長崎県（2013）：『第2次長崎県地域医療再生計画—質の高い地域完結型医療体制の構築』．http://www.mhlw.go.jp/bunya/iryou/saiseikikin/dl/213.pdf（最終閲覧日2014年10月12日）
長崎県企画振興部（2013）：『長崎県離島振興計画』長崎県企画振興部.
長崎県新上五島町（2009）：『新上五島町医療再編実施計画』長崎県新上五島町
長崎県新上五島町（2011a）：『新上五島町地域公共交通総合連携計画』長崎県新上五島町.
長崎県新上五島町（2011b）：『新上五島町財政運営適正化計画』長崎県新上五島町
長崎県地域医療研究会（2015）：『第37回　長崎県地域医療研究会発表集』長崎県地域医療研究会.
長崎県病院企業団（2012）：『長崎県病院企業団中期経営計画（平成24年度～平成28年度）』長崎県病院企業団.
長崎県離島医療圏組合（2009）：『長崎県離島医療圏組合病院改革プラン』長崎県離島医療圏組合.
中里未央・瀬尾　幸・井上　勝・岡本直紀・吉谷清光・西澤保二・川村伴和・村中一夫・中村リリ子・中山初則・浜端ひずる・神田哲郎・山西幹夫・前田隆浩（2007）：長崎県の離島・へき地医療と五島市の高齢者医療．五島中央病院紀要，9：29-38.
中原俊隆・伊瀬知泉（1993）：2次医療圏と保健婦活動に関する考察．厚生の指標，40-10：9-13.
中原俊隆・宮城島一明・針田　哲（1994）：人口と面積からみた2次医療圏の現状．厚生の指標，41-11：3-8.
中村　努（2003）：東北地方における医薬品卸の情報化対応．季刊地理学，55：20-34.
中村　努（2007）：情報化の進展と医薬品流通の再編成．（所収　荒井良雄・箸本健二編著『流通空間の再構築』古今書院：159-170）.
中村　努（2011）：離島における医薬品流通システムと医薬品卸の役割——長崎県五島列島の事例．季刊地理学，63：1-16.
中村　努（2016）：台湾における医療供給体制と公平性の確保に向けた政府の役割．経済地理学年報，62：210-228.

中村　努（2017）：医療機関．（所収　宮澤　仁編著『地図でみる日本の健康・医療・福祉』明石書店：50-53）．
中村　努・保高英児（2011）：東日本大震災で分かった医薬品ロジスティクスの成果と課題．ミクス，39-6：45-47．
中谷友樹・埴淵知哉（2013）：居住地域の健康格差と所得格差．経済地理学年報，59：57—72．
二木　立（2015）：『地域包括ケアと地域医療連携』勁草書房．
二木　立（2017）：『地域包括ケアと福祉改革』勁草書房．
日本医師会創立50周年記念事業推進委員会記念誌編纂部会編（1997）：『日本医師会創立記念誌——戦後五十年のあゆみ』日本医師会．
日本情報開発協会（1974）：『遠隔医療情報システムに関する研究調査——長崎県・和歌山県の実験結果を中心として』日本情報開発協会．
日本薬剤師会百周年記念事業実行委員会（1994）：『創立百年記念日本薬剤師会史』日本薬剤師会．
野尻　亘（2015）：アクター・ネットワーク理論と経済地理学．桃山学院大学経済経営論集，57-2：1-43．
野尻　亘（2016）：日本におけるハラール食品の生産と供給へのアクター・ネットワーク理論応用の試み．人文地理，68：421-441．
箸本健二（1998）：量販チェーンにおける情報化と物流システムの変容——信州ジャスコを事例として．経済地理学年報，44：187-207．
箸本健二（2001）：『日本の流通システムと情報化——流通空間の構造変容』古今書院．
長谷川敏彦（1998）：地域医療計画の効果と課題．季刊社会保障研究，33：382-391．
畠山輝雄（2012）：介護保険地域密着型サービスの地域差とその要因．地理学評論，85：22-39．
畠山輝雄（2016）：地方都市における地域特性を考慮した地域包括ケアシステム構築へ向けた取組み——徳島県鳴門市の事例．地学雑誌，125：567-581．
埴淵知哉・近藤克則・村田陽平・平井　寛（2010）：「健康な街」の条件——場所に着目した健康行動と社会関係資本の分析．行動計量学，37：53-67．
埴淵知哉・中谷友樹・花岡和聖・村中亮夫（2012）：都市化・郊外化の度合いと社会関係資本の関連性に関するマルチレベル分析．地理科学，67：71-84．
濱里正史（1999）：医療機会へのアクセシビリティからみた沖縄本島地域の空間構造．GIS——理論と応用，7-2：35-42．
林　上・新美陽子（1998a）：愛知県における救急医療サービスの空間的供給システム．経済地理学年報，44：165-186．
林　上・新美陽子（1998b）：愛知県における救急医療体制と救急医療情報システムの地域的展開．情報文化研究，7：71-96．
早瀬幸俊（2003）：医薬分業の問題点．薬学雑誌，123-3：121-132．
日暮晃一（1994）：地理的条件不利地域における地域医療・健康増進システムの研究1．開発学研究，4-2：41-50．
平井愛山（2004）：『千葉わかしおネットに学ぶ失敗しない地域医療連携——広域電子カル

テとヒューマン・ネットワークが成功の鍵』医学芸術社.
広井良典（1994）:『医療の経済学』日本経済新聞社.
藤垣裕子（2005）:『科学技術社会論の技法』東京大学出版会.
富士通（2011）:開かれた地域医療連携の取り組み——長崎・あじさいネットワークはなぜ成功したか．HOPE VISION, 14：5-11.
古川明美・内藤　徹（2016）:要支援・要介護認定率に与える要因分析——徳島県市町村データによるパネルデータ分析．徳島文理大学研究紀要, 91：53-56.
堀真奈美（2007）:医療供給体制における自治体病院のあり方．会計検査研究, 36：61-76.
前田洋介（2012）:ボランタリー組織を主体としたローカル・ガバナンスの形成とその地理的特徴——名古屋市の地域防災を事例に．人文地理, 64：319-336.
松井圭介・小島大輔（2007）:長崎県・上五島におけるキリシタン・ツーリズムの展開，（所収　平岡昭利編著『離島研究Ⅲ』青海社：107-124）.
松田晋哉（2015）:『地域医療構想をどう策定するか』医学書院.
松本武浩・本多正幸（2007）:地域医療IT化の実際と問題点．ITヘルスケア, 2-1：22-25.
丸山孝一（1980）:『カトリック土着——キリシタンの末裔たち』日本放送出版協会.
三原昌巳（2009）:福島県における初期医療サービスの地域差——物理的アクセシビリティと受療行動の関係から．人間文化創成科学論叢, 12：201-209.
三村優美子（2003）:医薬品流通の構造とその変化，（所収　片岡一郎・嶋口充輝・三村優美子編『医薬品流通論』東京大学出版会：59-81）.
宮崎賢太郎（2001）:『カクレキリシタン——オラショ　魂の通奏低音』長崎新聞社.
宮澤　仁（2003）:関東地方における介護保険サービスの地域的偏在と事業者参入の関係——市区町村データの統計分析を中心に．地理学評論, 76：59-80.
宮澤　仁（2006）:福島県西会津町における健康福祉のまちづくりと地域活性化．人文地理, 58：235-252.
宮澤　仁（2012）:地域密着型サービス事業所による地域交流・連携の取組み——長崎市の介護事業所を事例に．地理学評論, 85：547-566.
宮澤　仁編著（2017）:『地図でみる日本の健康・医療・福祉』明石書店.
三代川斉之（2010）:テレパソロジー——10年間の軌跡．旭川医科大学研究フォーラム, 11：21-36.
武藤正樹（2004）:医療連携を取り巻く現状と21世紀型医療連携モデル，（所収　医療経済研究機構監修『医療白書2004年度版——地域医療連携の可能性とその将来像』日本医療企画：5-26）.
望月正作（1978）:医薬分業への日本薬剤師会の考え方．健康保険, 32-9：10-19.
薬事経済研究会（2001）:医薬品概論，（所収　薬事経済研究会編『医療・医薬品業界の一般知識2001』じほう：1-70）.
薬業時報社（1995）:『薬事ハンドブック　1995年版』薬業時報社.
薬業時報社（1999）:『薬事ハンドブック　1999年版』薬業時報社.
八坂貴宏（2009）:離島・へき地医療からみえる地域医療再生のヒント．日本老年医学会雑誌, 46：496-499.

山内康弘（2009）：自治体病院の制度的位置付けと財源問題．国際公共政策研究．13-2：51-63．

山﨑孝史（2013）：『政治・空間・場所——「政治の地理学」にむけて（改訂版）』ナカニシヤ出版（初版2010）．

山本隆一（2010）：EHRが変える保健医療——諸外国の取り組みと我が国への示唆．海外保障研究．172：31-41．

吉原博幸（2011）：世界と日本におけるEHR（The Electronic Health Record）の現状と問題点．臨牀透析．27-3：13-22．

Adams, P. (1995): "A Reconsideration of Personal Boundaries in Space-time," *Annals of the Association of American Geographers*, 85: 267-285.

Amin, A. and Thrift, N. (1994): "Living in the Global." In Amin, A. and Thrift, N. eds. *Globalization, Institutions, and Regional Development*, Oxford: Oxford University Press: 1-22.

Amin, A. and Thrift, N. (1995): "Institutional Issues for the European Regions: From Markets and Plans to Socio-economies and Powers of Association," *Economy and Society*, 24: 41-66.

Beaverstock, J., Smith, R. and Taylor, P. (2000): "World City Network: A New Metageography?," *Annals of the Association of American Geographers*, 90: 123-134.

Bingham, N. (1996): "Object-ions: From Technological Determinism towards Geographies of Relations," *Environment and Planning D: Society and Space*, 14: 635-657.

Bowler, I. (1999): "Recycling Urban Waste on Farmland: An Actor-network Interpretation," *Applied Geography*, 19: 29-43.

Brenner, N. (1999): "Globalisation as Reterritorialisation: The Re-scaling of Urban Governance in the European Union," *Urban Studies*, 36: 431-451.

Callon, M. (1986): "Some Elements in a Sociology of Transaction: Domestication of the Scallops and Fishermen of St Brieuc Bay." In Law, J. ed. *Power, Action, Belief*, London: Routledge & Kegan Paul: 19-34.

Campbell, M. (2005): "Actor Networking, Technological Planning and Conceptions of Space: The Dynamics of Irrigation Farming in the Coastal Savanna of Ghana," *Applied Geography*, 25: 367-381.

Castells, M. (1996): *The Rise of the Network Society*, Oxford: Blackwell.

Castells, M. (1997): *The Power of Identity*, Oxford: Blackwell.

Castells, M. (1998): *End of Millennium*, Oxford: Blackwell.

Castells M. (1999): "Grassrooting the Space of Flows," *Urban Geography*, 20: 294-302.

Cooke, P. and Morgan, K. (1993): "The Network Paradigm: New Departures in Corporate and Regional Development," *Environment and Planning D: Society and Space*, 11: 543-564.

Craib, I. (1992): *Anthony Giddens*, London: Routledge.

Cutchin, M. (2002): "Virtual Medical Geographies: Conceptualizing Telemedicine and Regionalization," *Progress in Human Geography*, 26: 19-39.

Demeritt, D. (1996): "Social Theory and the Reconstruction of Science and Geography,"

Transactions, Institute of British Geographers NS, 21: 484-503.
Giddens, A. (1984): *The Constitution of Society*, Cambridge: Polity.
Graham, S. (1998): "The End of Geography or the Explosion of Place?: Conceptualizing Space, Place and Information Technology," *Progress in Human Geography*, 22: 165-185.
Graham, S. (2000): "Constructing Premium Network Spaces: Reflections on Infrastructure Networks and Contemporary Urban Development," *International Journal of Urban and Regional Research*, 24: 183-200.
Graham, S. and Marvin, S. (1996): *Telecommunications and the City: Electronic Spaces, Urban Places*, London: Routledge.
Guthrie, K. and Dutton, W. (1992): "The Politics of Citizen Access Technology: The Development of Public Information Utilities in Four Cities," *Policy Studies Journal*, 20: 574-597.
Hetherington, K. and Law, J. (2000): "Guest Editorial: After Networks," *Environmental and Planning D: Society and Space*, 18: 127-132.
Hinchliffe, S. (1996): "Technology, Power, and Space: The Means and Ends of Geographies of Technology," *Environment and Planning D: Society and Space*, 14: 659-682.
Hirst, P. (1994): *Associative Democracy: New Forms of Economic and Social Governance*, Amherst, MA: University of Massachusetts Press.
Kitchin, R. (1998): *Cyberspace: The World in the Wires*, New York: Wiley.
Latour, B. (1987): *Science in Action: How to Follow Scientists and Engineers through Society*, Milton Keynes Open University Press. ラトゥール，B. 著，川崎　勝・高田紀代志訳（1999）:『科学が作られているとき——人類学的考察』産業図書.
Latour, B. (1996): "On Interobjectivity," *Mind, Culture and Activity*, 3: 228-245.
Law, J. (1994): *Organising Modernity*, Oxford: Blackwell.
Lefebvre, H. (1984): *The Production of Space*, Oxford: Blackwell. ルフェーブル，H. 著，斎藤日出治訳（2000）:『空間の生産』青木書店.
Massey, D. (1991): "A Global Sense of Place," *Marxism Today*, June: 24-29.
Murdoch, J. (1997a): "Towards a Geography of Heterogeneous Associations," *Progress in Human Geography*, 21: 321-337.
Murdoch, J. (1997b): "Inhuman/Nonhuman/Human: Actor-Network Theory and the Prospects for a Nondualistic and Symmetrical Perspective on Nature and Society," *Environment and Planning D: Society and Space*, 15: 731-756.
Murdoch, J. (1998): "The Spaces of Actor-Network Theory," *Geoforum*, 29: 357-374.
Murdoch, J. (2006): *Post-structurist Geography*, Sage: London.
Murdoch, J. and Marsden, T. (1995): "The Spatialization of Politics: Local and National Actor-spaces in Environmental Conflict," *Transactions, Institute of British Geographers* NS, 20: 368-380.
Putnam, R. (1993): *Making Democracy Work: Civic Traditions in Modern Italy*, Princeton: Princeton University Press. パットナム，R. 著，河田潤一訳（2001）:『哲学する民主主義——伝統と改革の市民的構造』NTT出版.

Putnam, R. (2000): *Bowling Alone: The Collapse and Revival of American Community*. New York: Simon and Schuster. パットナム，R. 著，柴内康文訳 2006.『孤独なボウリング——米国コミュニティの崩壊と再生』柏書房.

Sayer, A. (1991): "Behind the Locality Debate: Deconstructing Geography's Dualisms," *Environment and Planning A*, 23: 283-308.

Smith, R. (2003): "World City Actor-networks," *Progress in Human Geography*, 27: 25-44.

Sunley, P. (2008): "Relational Economic Geography: A Partial Understanding or a New Paradigm?," *Economic Geography*, 84: 1-26.

Thrift, N. (1996a): "New Urban Eras and Old Technological Fears: Reconfiguring the Goodwill of Electronic Things," *Urban Studies*, 33: 1463-1493.

Thrift, N. (1996b): *Spatial Formations*, London: Sage.

Thrift, N. (2000a): "Afterwords," *Environment and Planning D: Society and Space*, 18: 213-255.

Thrift, N. (2000b): Not a Straight Line but a Curve, or, Cities are not Mirrors of Modernity." In Bell, D. and Haddour, A. eds. *City Visions*, London: Longman: 233-263.

Toffler, A. (1980): *The Third Wave*, New York: Morrow. トフラー，A. 著，徳山二郎監修，鈴木建次・桜井元雄他訳 (1980):『第三の波』日本放送出版協会.

Whatmore, S. (1997): "Dissecting the Autonomous Self: Hybrid Cartographies for a Relational Ethics," *Environment and Planning D: Society and Space*, 15: 37-53.

Whatmore, S. and Thornes, L. (1997): "Nourishing Networks: Alternative Geographies of Food." In Goodman, D. and Watts, M. eds. *Agrarian Questions: The Cultural and Political Economy of the Agro-food System in the Late Twentieth Century*, London: Routledge: 287-304.

Whatmore, S. and Thornes, L. (2000): "Elephants on the Move: Spatial Formations of Wildlife Exchange," *Environment and Planning D: Society and Space*, 18: 185-203.

Wrigley, N., Warm, D. and Margetts, B. (2003): "Deprivation, Diet, and Food-retail Access: Findings from the Leeds 'Food Deserts' Study," *Environment and Planning A: Economy and Space*, 35: 151-188.

あとがき

　本書は，筆者が大学院進学以降，一貫して取り組んできた研究テーマをもとにしている。日進月歩のICTの地理的意味を問う作業は困難をきわめた。ましてや，ICTの受容をめぐる複雑なアクターの関係性を紐解き事例を位置付ける作業に頭を悩ます日々が続いた。その最たる原因は，筆者が人文地理学を志した当初，決定論的な視角に依拠していたことである。しかし，博士論文とその後の研究をもとに本書では，関係論的視点を空間理論に応用することの有効性を示すことができたものと考える。本書のもとになった研究の初出は以下の通りである。

序論　　中村　努（2012）：医療供給体制における情報化の受容過程に関する地理学的研究．経済地理学年報，58：386-387.
第1章　2008年東京大学大学院総合文化研究科に提出した博士論文を加筆・修正．
第2章　中村　努（2013）：インターネットを活用した地域医療連携システムの構築と普及――北海道道南地域の事例．地理科学，68：165-176.
第3章　中村　努（2009）：地域医療情報ネットワークにおける情報技術の構築と受容過程．経済地理学年報，55：150-167.
第4章　中村　努（2017）：長崎県における医療情報システムの普及過程．地理学評論，90：67-85.
第5章　中村　努（2005）：情報ネットワーク化に伴う保険薬局の水平的協業化．経済地理学年報，51：89-100.
第6章　中村　努（2013）：ICTを活用した医薬品流通システムの構築過程――川崎市北部の事例．地理学評論，86：288-299.
第7章　中村　努（2014）：長崎県上五島地域における医療供給体制の再

編成とそのメカニズム．人文地理，66：405-422.
- 第8章　中村　努（2018）：離島の医療再編による日常生活圏域のケアへの影響――長崎県新上五島町を事例として．季刊地理学，69：189-206.
- 結論　2008年東京大学大学院総合文化研究科に提出した博士論文を加筆・修正．

　博士課程の指導教官である東京大学人文地理学教室の荒井良雄先生には，貴重な時間を割いていただき論文の方向性についてさまざまなサジェスチョンをいただいた。また，同教室の谷内達先生（現・帝京大学），松原宏先生，永田淳嗣先生，梶田真先生，新井祥穂先生（現・東京農工大学）からはゼミなどを通じて貴重なアドバイスやご指導を賜った。

　卒業論文の執筆ならびに修士課程において，指導教官であった東北大学地理学教室の日野正輝先生（現・中国学園大学）には，フィールドワークを通じて現場感覚を養うことの重要性をはじめとして，終始激励と適切なご指導をいただいた。同教室の諸先生方にも多くのご助言とご指導を賜った。さらに，東北大学および東京大学院生の皆様にも多くのご助言とご指導を賜った。当時，東北大学大学院の先輩であった山本俊一郎氏（現・大阪経済大学）からはつねに励ましの言葉をいただいた。

　研究会を通じた議論の場として，荒井先生が代表を務められた日本地理学会流通地理研究グループ（2000～2005年度）や，荒井先生と箸本健二先生（早稲田大学）が代表を務められた日本地理学会情報地理研究グループ（2006年度～2009年度）において発表する機会をいただき，参加者の皆様から貴重なご意見を賜った。また，両先生が主催された大学院生を中心としたディスカッションの場であった，人文地理勉強会を通じて，先輩・後輩関係なく自身の研究に対して忌憚のない多くの意見をいただいた。

　フィールド調査においては，調査対象の医療関係機関の皆様には，貴重な資料や情報を提供していただくなど大変お世話になった。とりわけ，サプライチェーン・ロジスティクス研究会代表の保高英児氏には，被調査者を紹介

あとがき

していただいたうえに，取材や研究会を通じて公私ともども相談に応じていただいた。これなしには研究を進めることはできなかった。以上の方々に心から感謝の意を表したい。

　研究を行うにあたって，科学研究費補助金を使用した（若手研究B：課題番号22720306／若手研究B：課題番号24720372／基盤研究B：課題番号23320187（研究代表者：和田崇）／基盤研究C：課題番号15K03010／基盤研究A：課題番号15H01783（研究代表者：宮澤仁）／基盤研究C：課題番号18K01141）。また，本書の刊行にあたっては，平成30（2018）年度公益社団法人日本地理学会出版助成の交付を受けた。本書の出版依頼を快く引き受け，支援してくださったナカニシヤ出版の酒井敏行氏に感謝いたします。最後に，長年の研究生活を支えてくれた家族，そして生前つねに温かく励ましてくれた父に本書を捧げたい。

高知のうららかな日差しを浴びて
2019年初春

中　村　　努

索　引

あ
アクセシビリティ　104, 120, 134, 143, 146, 163
アクターネットワーク　2, 4, 11, 14, 173-176
アクターネットワーク理論（ANT）　2, 4, 10-15, 169, 172, 174
あじさいネット　63, 66, 68-81
医師派遣　120, 126, 136, 168
医薬分業　19, 21, 23, 26-30, 86, 87, 96, 104-111, 113-116, 168, 172
医療圏　17, 59, 119, 124, 169, 170
医療法　19, 22-24, 143
院外処方箋　15, 16, 28, 29, 51, 96, 109
インターネット　8, 61, 71, 85, 90, 93, 94, 101
エクストラネット　92
遠隔医療　31, 39, 65, 136
遠隔画像診断　65, 74, 120, 130, 136, 168
オーダリング　51, 67

か
介護保険　121, 160
介護予防　145, 146
介護老人福祉施設　153-155, 160
介護老人保健施設　74, 76, 153, 155
関係的近接性（relational proximity）　11
関係論的経済地理学　11
技術決定論　1, 5-7, 9, 10, 61
技術の社会的構成（SCOT）　7, 8
規定の空間　13, 169-174
救急告示病院　43-45
救急搬送　120, 134, 136, 142, 168
救命救急センター　43, 44, 109
協調行動　4, 61-63, 77, 79, 83, 121, 137, 142, 170, 173
協調戦略　17, 167, 174
クラウドサービス　73
結社民主主義（associative democracy）　11
交渉の空間　13, 169-174
厚生省（厚生労働省）　20-22, 24, 28, 32, 33, 40-42, 49, 51, 65, 73, 78-80, 87, 122, 139, 163
構造化理論　9-11
後発医薬品　116
行為主体性　11, 12
国民健康保険　126, 128
互酬　86, 98, 101

さ
災害拠点病院　65
サイバースペース　7, 61
在宅医療　26, 32, 35, 72, 119, 135, 143
在宅療養支援診療所　80
三次医療圏　73
三次救急　45, 120, 129, 136, 164
システム開発会社　49, 51, 86, 89
市町村合併　122, 131, 137, 142, 170
シビック・パワー　61, 62, 83, 84
社会決定論　1, 7, 9, 10
社会福祉協議会　150, 151, 157, 160
社会保障政策　120, 138, 142, 145
受療圏　53, 103, 104, 108, 110, 115, 127, 128, 141
受療行動　1, 16, 19, 20, 53, 58, 104, 126, 127, 146, 147, 157, 164
自由開業医制度　16, 19
処方意図　30, 77, 81
処方箋受取率　29, 107

197

情報技術（ICT）　1, 2, 4-9, 13-18, 30-33, 36-41, 58-61, 65, 67, 69, 78, 79, 84, 85, 88, 98, 103-105, 109, 112-117, 120, 121, 142, 167-175
情報リテラシー　100
小規模多機能型居宅介護　151, 154, 164
条件不利地域　103, 122, 141, 143, 144, 165
食料の地理学　14
信頼関係　77, 78, 80, 82, 83, 95, 97, 170
診療報酬改定　21, 28, 80, 139
人工透析　134, 135, 147, 155-157, 164
人的ネットワーク　66
生活支援　119, 120, 146, 150, 163-165, 168
生活習慣病　42, 47
制度の厚み（institutional thickness）　11
セキュリティ　37, 80, 86, 89, 97, 101
ソーシャル・キャピタル　61, 62

た
短期入所生活介護　148, 151, 154, 155
地域医療計画　21-23, 58, 127, 128, 143
地域医療再生計画　73
地域医療再生臨時特例交付金　73, 135
地域がん診療拠点病院　66
地域ケア会議　163
地域の文脈　53, 62, 167
地域包括ケア　1, 4, 24, 62, 145, 146, 161-163, 165, 166, 171, 175
地域密着型サービス　145, 151, 154
地方公営企業　137
仲介者（intermediary）　2, 13, 86, 87, 89, 95-99, 101, 102, 169
通商産業省（経済産業省）　32, 33, 41, 47-49, 51, 90, 97
通所介護　151
ディストピア論　7
電子カルテ　3, 32, 33, 36, 37, 40, 41, 47, 48, 51, 56, 57, 66, 67, 69, 167

糖尿病　19, 23, 42, 47, 53, 67, 119, 155
ドクターヘリ（救急ヘリ）　4, 65, 74, 120, 130, 164, 168

な
二次医療圏　1, 22-24, 32, 34, 40-45, 54, 56, 64, 106, 107, 128, 132, 138, 142-144, 146, 169-171
日常生活圏　22, 53, 145-148, 155, 163-166, 170
日本医師会　20, 25, 27, 28
日本薬剤師会　27
認知症　24, 160, 165
ネットワーク組織　85-87, 90, 92, 95, 97-101

は
パワー幾何学（power geometry）　12
光ファイバー　49, 50
非定型情報　85, 95
非人間（nonhuman）　11, 13, 14, 173, 175, 176
非表象理論（non-representational theory）　12
費用対効果　33, 71, 76, 81, 103, 115
ファクス分業　111
普及促進機関　3, 65, 79, 81, 83, 170, 175
服薬指導　47, 81
不変の可動物（immutable mobiles）　11
フリーアクセス　1, 16, 19, 40, 83
不良在庫　95
フローの空間　8
僻地診療所　125, 126
訪問介護　146, 151, 154, 155, 164
訪問看護　146, 154, 155, 158-160, 164
訪問看護ステーション　26, 51, 55, 56, 135, 158, 159

ま
看取り（終末期ケア）　154, 158, 160

宮崎健康福祉ネットワーク（はにわネット）　41, 46, 49-57
メーリングリスト　67, 72, 80, 94, 95

や
薬価差益　21, 27-29, 87, 96, 109
ユートピア論　5

ら
連結の経済　88
ローカル・ガバナンス　141

わ
わかしお医療ネットワーク　41, 42, 46-49, 52, 53, 55, 56

中村　努（なかむら　つとむ）

　1979年兵庫県生まれ。東京大学大学院総合文化研究科博士課程修了。博士（学術）。現在，高知大学教育学部講師。専門は社会経済地理学，流通地理学。主な著書に『地図でみる日本の健康・医療・福祉』（共著，明石書店），『救援物資輸送の地理学——被災地へのルートを確保せよ』（共著，ナカニシヤ出版）。

医療システムと情報化
情報技術の受容過程に着目して

2019年3月29日　　初版第1刷発行　　　定価はカヴァーに表示してあります

著　者　中村　努
発行者　中西　良
発行所　株式会社ナカニシヤ出版
　　　　〒606-8161 京都市左京区一乗寺木ノ本町15番地
　　　　　　TEL 075-723-0111　FAX 075-723-0095
　　　　　　http : //www.nakanishiya.co.jp/

装幀＝白沢　正
印刷・製本＝亜細亜印刷
Ⓒ Tsutomu Nakamura 2019　　Printed in Japan.
＊落丁・乱丁本はお取替え致します。
ISBN978-4-7795-1378-7　C3025

　本書のコピー，スキャン，デジタル化等の無断複製は著作権法上での例外を除き禁じられています。本書を代行業者等の第三者に依頼してスキャンやデジタル化することはたとえ個人や家庭内での利用であっても著作権法上認められておりません。

救援物資輸送の地理学
被災地へのルートを確保せよ
荒木一視・楮原京子・熊谷美香・田中耕市・中村努・松多信尚

被災地と被災しなかった地域をつなぐために——。災害が起こったとき、いかにして救援物資輸送のルートを確保すればよいのか。自然地理学・人文地理学の知見やGISを駆使した研究からの提言。　二二〇〇円

食料の地理学の小さな教科書
荒木一視 編

世界各地でとれた食材がわたしたちの食卓にならぶまでには、どんな過程があるのか。生産、流通から消費まで、「食」から考える世界のしくみ。毎日おいしいものを腹いっぱい食べられるために。　二〇〇〇円

モダン京都
〈遊楽〉の空間文化誌
加藤政洋 編

漱石や虚子、谷崎らが訪れた〈宿〉、花街や盛り場の景観とスペクタクルの変遷……。文学作品や地図、絵図、古写真などさまざまな資料をもとに、モダン京都における〈遊楽〉の風景をたどり、再構成する。　二二〇〇円

最強の社会調査入門
これから質的調査をはじめる人のために
前田拓也・秋谷直矩・朴沙羅・木下衆 編

「聞いてみる」「やってみる」「行ってみる」「読んでみる」ことからはじまる社会調査の極意を、失敗体験も含めて、16人の新進気鋭の社会学者たちがお教えします。面白くてマネしたくなる最強の社会調査入門！　二三〇〇円

＊表示は**本体価格**です。